비즈니스 강자의 디딤돌

대중을 감동시키는
회의의 기술

김상수 편저

비즈니스 강자의 디딤돌

대중을 감동시키는
회의의 기술

김상수 편저

■ 들어가며

현대에 이르러 우리나라 또한 경제 발전과 더불어 각종 회의가 많이 열리고 그 중요성이 강조되고 있다. 우리는 회의의 노하우를 터득하게 되면 이제까지 얼마나 헛된 회의를 해 왔던가 하는 것을 알게 된다. 그러나 회의란 한 권의 책을 읽었다고 해서 곧잘 운영할 수 있게 되는 것은 아니다. 되풀이해서 지식을 머리에 넣고 그리고 실제로 회의를 운영해 보지 않으면 자기의 것이 되지 못한다. 결국 이론과 실제의 접목이 실행되어야 한다. 그런 의미에서 이 책은 중요한 대목을 여러 번 되풀이하고 있다. 그리고 곧 실전에 도움이 되도록 쓰려고 힘썼다.

회의는 소집, 설영, 의장, 규칙, 운영의 기본적인 다섯 가지로 성립되어 있다. 어느 하나가 빠져도 온전할 수 없다. 아무리 훌륭한 지도력을 가진 의장을 선정하더라도 설영이 불충분하면 만족한 결과를 얻기 어렵다. 또한 설영이 아무리 잘 되었더라도 의장이 역부

족이거나 회의 참가자의 협력이 없으면 잘 되지 못한다. 곧, 이들 다섯 요소는 한 몸인 것이다. 그러므로 회의를 주최하는 경우는 말할 것도 없고 모든 행사에 있어서 귀찮을 정도로 지시가 따르는 것이다. 특히 많은 사람이 모이는 회합의 겨우, 그 준비의 밀도와 성공도는 전적으로 비례한다는 것을 깨닫게 된다.
외국에서는 초등 교육에서 이미 회의의 중요성을 도입하고 있다. 그렇기 때문에 회의의 기초 지식이 몸에 배어 있어서 의장이 되건 참가자가 되건 간에 회의 운영을 잘 하는 사람이 많다. 따라서 국제 사회에 있어서도 자기의 주장을 당당하게 할 수 있는 것이다.

차례

1 회의에 대한 이해

18 — 한국인의 회의문화
20 — 회의의 능률성을 높이는 방법
22 — 회의 결정과 실행
24 — 회의 진행 사유
26 — 회의 실행 목적
28 — 회의에 필요한 네 가지 권리

2 좋은 회의란 무엇인가

32 — 좋은 회의를 하기 위한 체크 포인트 15
34 — 회의의 진행순서와 전제조건
36 — 회의의 성공은 오감을 여는데 있다
40 — 토론과 좌석배치 방법
47 — 의자와 테이블의 선정이 중요하다
49 — 반대하는 사람은 의장의 옆자리로 하라
52 — 플러스알파의 준비성
54 — 지각 문화 개선과 회의진행 방법
56 — 성공적인 회의 소집의 비결
60 — 의사록 작성 방법

3 회의 목적과 형태

64 — 회의의 여러 가지 진행 방법
67 — 브레인스토밍(Brain Storming)이란 무엇일까
72 — 버즈 세션(Buzz Session)이란 무엇인가
76 — 필립66의 효용가치
77 — 패널 디스커션(Panel Discussion)이란 무엇인가
79 — 심포지움의 개최법
81 — 공개 토론회란 무엇인가
83 — 사회자의 역할과 중요성
86 — 고정적인 회의 멘트는 외우도록 한다

4 난제의 해결 어떻게 할 것인가

96 — 난제의 해결 방법
98 — 시간 배율의 효율성
102 — 휴식의 효과
104 — 얼리 어답터(early adopter)가 되자
107 — 임기응변의 필요성
109 — 정적 회의의 활용
111 — 남성과 여성 회의자의 조화로운 회의 방법
113 — 여성의 회의 진행 특징
115 — 방해가 되는 회의 참가자 유형

차례

121 — 역이용의 성공적 비법

5 유리하게 회의를 하는 방법

130 — 회의 참석의 마음가짐 6가지
133 — 좌석 선택의 결정적 요소
136 — 금구(禁句)와 금구
139 — 의식화된 작전전개
141 — 회의주제에 대한 지식의 필요성
143 — 설득의 요령
145 — 회의는 출입문에 들어서기 전부터 시작된다
147 — 회의로 인한 자리부재

6 프레젠테이션에서 성공하는 말

150 — 말씨의 좋은 예와 나쁜 예
152 — 발언 내용과 자세
154 — 연설가의 연출법
156 — 말의 힘과 미학
158 — 오해와 실수
160 — 상대방에 대한 배려

164 — 적절한 유머의 효과
166 — 유종의 미

7 프레젠테이션에서 회의를 주도하는 방법

170 — 규칙에 대한 이해
172 — 동의란
174 — 의견과 동의의 혼동
176 — 과반수에 대한 규칙
178 — 채결 방법의 활용
180 — 일사부재리의 원칙
182 — 사전준비의 필요성
185 — 회의 참여자의 마음가짐
188 — 사회자의 마음가짐
192 — 회의 이후 자세

8 프레젠테이션에서 사회자와 의장의 역할

196 — 이성적 판단과 진행
198 — 힘 있는 말의 매력
200 — 경청에 대한 필요성

차례

202 — 원만한 진행
204 — 회의 진행의 리듬
206 — 회의 진행의 적신호
208 — 아이디어 회의의 요령
210 — 평가와 반성
212 — 다수의 참여

9 프레젠테이션을 성공으로 이끄는 방법

216 — 전체 계획의 입안
218 — 시간의 할당
220 — 초청은 신속하게
222 — 설영단계의 주의점
225 — 배치요령
229 — 예산의 입안
231 — 날씨에 대한 사전준비 방법
234 — 참여 의욕을 높이는 방법
237 — 자료 준비의 기능
239 — 소개를 통한 참가 의식을 높이는 방법
243 — 음식제공
246 — 사후 처리의 효과

10 프레젠테이션의 규모와 국제회의 하는 방법

- 250 — 소회의의 TIP!
- 252 — 중회의의 TIP!
- 254 — 국제회의의 TIP!

11 프레젠테이션에서 제안하는 방법

- 262 — 제안에 대하여
- 265 — 수정에 대하여
- 267 — 표결에 대하여
- 269 — 의장에 대하여
- 272 — 서기에 대하여
- 275 — 동의의 목적별 분류
- 277 — 수정 동의의 해설
- 279 — 결정의 연기에 관한 해설
- 280 — 심의 억지
- 282 — 의안 봉쇄
- 284 — 재심의 동의
- 285 — 의사 규율
- 287 — 기타
- 288 — 회의 종결

차례

12 프레젠테이션에서의 세미나 방법

- 290 — 효과적인 스케줄로서의 융통성
- 293 — 여유 시간의 가치
- 296 — 색다른 메뉴 선택
- 299 — 강사의 지도력
- 302 — 마음의 변화

13 마음을 움직이는 프레젠테이션

- 306 — 강연회의 입안과 개최
- 308 — 강사선정
- 310 — 강사와의 만남
- 312 — 사전준비의 철저성
- 314 — 강연자란
- 316 — 수행자의 연출
- 318 — 눈높이를 맞춘 공감대 형성
- 321 — 한 문장의 감동적인 말
- 322 — 감동의 형성
- 324 — 문제발생과 대처
- 327 — 분명한 자기 의사 표현 방법

제1장 회의에 대한 이해

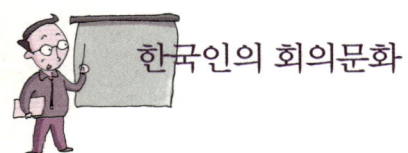
한국인의 회의문화

한국 사람들은 회의문화에 쉽게 적응하지 못하고, 이를 제대로 활용하지 못한다. 회의에 서투른 한국 사람들, 그 이유가 무엇일까. 뒤 늦게 시작된 민주주의와 왕권중심제의 역사적 배경 때문인가. 아니면 한국인의 뇌의 구조는 회의와 맞지 않는 구조로 연결되어 있어서 일까?

「여럿이 모여서 의견이 합하지 아니하고 의견을 주고받되 결정짓지 못하고 결정이 지어져도 행하지 아니하고 행하여도 책임질 줄 모른다.」이것은 곧잘 듣는 말이긴 하나 반면에 「세 사람이 모이면 빼어난 지혜」라는 말도 있다. 그러므로 한국인이 결코 회의 불구는 아니라고 생각한다. 다만 여러 사람 앞에서 말하는 일이 몹시 서투르다는 것과 계획적인 회의에 익숙하지 못하다는 점은 부인할 수 없을 것 같다. 이것이 회의의 능률을 저해하고 있는 요인인 듯하다.

"연일 회의로 바빠서 말이야."

"어제도 또 철야 회의였거든."

사실상 현대 사회는 회의의 범람이다. 그런데 이것을 들여다보면 얼마나 낭비가 많은지 잘 모를 뿐이다. 시간은 지켜지지 아니하고 발언은 제멋대로이고 자료는 부족하고 필요 없는 말이나 길게 늘어놓는 요령과 부족한 표현하며 한 사람에 의한 발언의 독점 등 좋은 점이라곤 찾아볼 수 없다. 그 위에 더 딱한 것은 이 구제할 수 없는 현상을 당연한 것으로 받아들여 결점을 깨닫지 못하고 있는 점이다.

 외국인, 특히 영어권 사람들의 회의를 보고 있으면 확실히 잘 운영되고 있다는 것을 느낀다. 그러나 혼란을 일으킬 때는 한국 사람과 마찬가지여서 역시 그들도 인간임에는 다를 바 없다는 생각이 든다.

 회의의 운영이 잘 된다고 느껴지는 것은 그들이 회의의 규칙을 선천적으로 가지고 있기 때문이다. 한국인과 외국인의 차이점은 여기에 있는 것이 아닐까. 이것은 그들의 타고난 생활 습관에서 연유한다.

 미루어 본다면 회의는 상식으로서의 룰을 습득하는 것과 보다 합리적인 사고를 가질 것, 그리고 자기 의사를 자유롭게 표현할 수 있게끔 훈련하는 것이다. 이렇게 함으로써 능률이 떨어지는 회의는 없어질 것이고 외국 사람에게 뒤지지 않는 회의를 가지게 될 것이다.

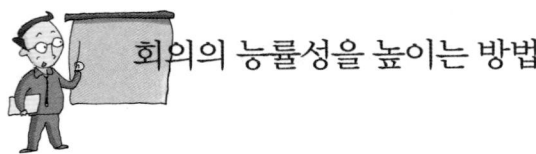
회의의 능률성을 높이는 방법

　요점을 제외한 긴 설명이나 의견은 시간의 낭비에 지나지 않는다. 설명이 필요할 경우에는 사전에 문서를 준비하여 전원에게 배부해 주든가, 모두에게 알 수 있도록 도표를 만들어 두는 준비성이 필요하다.
　다른 사람이 한 말을 되풀이해서 말하는 사람, 「에-」라든가 「아-」 따위의 말이 많은 사람은 귀에 거슬릴 수 있다. 의견을 말할 때에는 미리 머릿속에서 잘 정리하여 긴 말은 알기 쉽고 짧은 말을 쓰는 것이 바람직하다. 사람에 따라서는 말솜씨의 애매성 때문에 의견을 다 듣고 나서도 그것이 찬성 의견인지 반대 의견인지 모를 때가 가끔 있다.
　"나는 이 안에 찬성합니다. 그 이유는……
　이와 같은 표현의 방법은 모든 사람에게 자기의 입장을 뚜렷하게 할 수 있다.
　사사로운 말을 주고받는 것도 곤란한 일이다. 회의 참가자의 집중도를 흩어지게 하고 회의의 진행을 크게 방해한다. 회의 도중에 함부로 자리를 떠나는 일도 삼가야 한다. 회의장을 간혹 들락날락 거리게 되는 경우, 회의 전체의 흐름이 깨지는 일이 있다. 결론에 들어가야 하는데 그 사람이 없기 때문에 중단해야 하거나 산만하다면 이는 시간낭비로 돌아갈 수 밖에 없다.
　무리한 회의의 경우는 다음과 같은 것들이 있다.

회의 참가자의 의사를 무시하고 의장이 의식적으로 결론을 얻으려 하는 경우다. 공평하게 진행시키면 의장이 바라는 방향으로 되어 갈 텐데 노골적으로 의도를 드러냈기 때문에 도리어 참가자의 반발을 사고 마는 일이 있다. 회의는 결코 의장을 위해서 있는 것이 아니라 모든 사람을 위해서 있는 것이기 때문에 의장은 정리 역활에 지나지 않는다. 의장은 먼저 사사로운 감정을 버려야 한다. 또한 결론을 서두른 나머지 무리하게 결론 맺으려 하는 때가 있다. 여러 사람은 좀 더 토론해 보고 싶다거나 의견을 말해보고 싶다고 바라고 있을 경우 - 이것도 한 가지 무리이다.

참가자 전원으로부터 평등하게 의견을 듣는다는 것은 회의에서 바람직한 일이기는 하나, 그렇게 하면 백이면 백이라고 말해도 좋을 만큼 좋은 의견은 나오지 않는 법이다. 그리고 본론과 관계가 있는 것 같으면서 전혀 관계없는 의견이 나와서 회의가 엉뚱한 방향으로 진행되어 가기 마련이다.

이 점을 알고 있지 아니하면 회의는 혼란 속으로 빠져들어 가게 된다.

회의 결정과 실행 방법

　회의에서 결정한 일은 실행에 옮기지 아니하면 의의가 없다. 회의의 의사결정은 모두 실행을 전제로 한 것이다. 그런데 실제로는 결론은 났지만 실행되지 않았다거나 보류되어 있다거나 어느새 흐지부지하게 되고 마는 일이 있다. 그리고 실제로 실행에 착수하기는 했으나 협력을 얻지 못했다거나 모든 사람이 결정한 것과는 반대로 전혀 다른 방향으로 되었다거나 하는 일도 있다.
　이 원인은 어디에 있는가.
　먼저 결론은 났지만 실행되지 아니한 경우, 이것은 실행하려 했는데 실제적인 면에서 현실과 동떨어져 있었다거나 너무도 부담이 컸다거나 하는 경우가 많다. 그리고 그 결정을 수용할 토양이 없었다거나, 실행에 당하여 위험이 수반한다거나 하는 일도 있다. 보류란 것은 허울 좋은 실행 중지와 같아서, 심한 경우는 흐지부지하고 만다.
　협력을 얻지 못했다는 경우는 회의 참가자가 일부에 기운 경우가 많다. 어떤 일부 사람들만의 결정에는 출석하지 않았던 사람의 입장으로는 이유 없는 반항을 하고 싶어지는 법이다.
　결정 사항을 통고 받지 못한 경우도 있다. 「나는 모르는 일이다」라고 말하는 일도 흔히 있다. 결정된 일의 내용이 정확하게 전달되지 못해서 오해되고 있는 경우도 있다.

이상과 같이 결정이 내려졌어도 실행되지 못하면 아무런 뜻이 없으므로 사전 점검도 필요하거니와, 끝난 뒤에도 그 결과에 관하여 책임자는 면밀히 검토 파악해야 할 것이다. 회의의 의사록이나 보고서는 사항을 정확하게 전달 보존하는 것이지만, 문서가 너무 많은 오늘날은 읽어 보기가 귀찮기 때문에 자칫 빠뜨리는 일이 있다. 이렇게 되면 아무런 소용도 없다. 그러므로 회의의 결정 사항은 소집자 측이나 회의 참가자의 누군가가 책임을 지고 관계자에게 전해줄 것이 필요하다.

홍보 활동도 필요하다. 회사의 연도 방침이나 판매 캠페인 등 외부를 향한 것뿐 아니라 내부에 대한 PR도 잊어서는 안 된다. 회사나 조직이 탄력적이고 활동력이 풍부한 경우는 거의가 이 정보의 전달이 정확하게, 그리고 하부조직에까지 잘 전달이 된다.

회의를 소집하는 쪽에서 언제나 판단에 어려움을 겪는 일은 무엇과 무엇을 회의에 붙이고 어느 것과 어느 것은 회의에 붙일 필요가 없는가 하는 문제이다. 그래서 회의에 붙일 것인가 뺄 것인가 하는 것의 기본적인 조건을 밝혀 보고자 한다.

1. 전체 의사를 필요로 하는 문제

직장에서는 권한이 이양되어 있어서 굳이 남의 의사를 빌리지 않더라도 결정할 수 있는 사항이 많다. 그러나 그 중에는 혼자서 결정하기 어려운 문제도 있다. 이런 때에는 회의에 붙여 보자.

2. 문제와 사람들과의 관계성

입장이 서로 다른 여러 사람들이 관계하고 있는 문제는 회의에 붙일 필요가 있다. 이것은 의사의 소통을 도모하는 효과와 전체의 의사를 결정하는 데 유익하다.

3. 문제와 권한결정

인간에게 주어진 권한에는 한계가 있다. 한 나라의 대통령이라 하더라도 자기 혼자의 의사로 결정할 수 없는 일이 있다.

4. 문제 해결을 위한 지식, 정보의 전달

회의는 정보의 전달, 지식의 집약, 사고의 교환이라는 효용을 가지고 있다. 그 문제가 한 사람의 지식으로 해결할 수 없을 때, 다른 사람의 지혜를 구할 필요가 있으므로 이것은 회의에 붙여 보자.

5. 결속력의 필요성

회의로써 인간관계를 깊게 하고 상호 이해의 관계를 유지하는 일이 결론에 대한 협력을 얻게 된다.

6. 회의를 통한 시간적 문제

이 문제는 일부러 사람들을 소집하지 않더라도 문서의 교환, 전화에 의한 구두 전달만으로도 해결될 수 있을지 모른다. 그러나 대상자가 많을 경우에는 상당한 시간의 낭비를 가져오며 조정도 또한 복잡한 작업이다. 그래서 한 방에 모이게 해서 회의를 열면 어떠할까. 당장에 해결될지도 알 수 없다.

7. 아이디어 적출

회의라고 하는 집단사고는 개인 사고를 넘어선 아이디어를 낳는 것이다.

회의 실행 목적

　회의의 큰 장점은 모든 사람의 지혜를 모아 결론을 도출해 내는 데 있다. 많은 사람의 지혜를 무시하고 혼자 생각으로만 일을 결정하는 방식은 과거에 독재자가 택해 온 길이다. 그러나 인간의 평등이 외쳐지고, 민주적 방법을 찾게 됨에 따라 회의의 중요성이 주목 받게 되었다.
　그렇다면 회의는 어떠한 목적이 있으며 왜 여는 것일까를 열거해 보려 한다.

1. 중지의 도출
　이것은 앞에서 말한 바와 같이 한 사람의 의사가 아니고 많은 사람의 지혜를 모은다는 일이다. 특히 정보가 넘쳐나고 전문적인 지식이 요구되는 현대에 있어서는 각종의 지식이나 정보를 가진 사람들이 모여서 협의하는 일은 앞으로 더욱 더 필요하게 될 것이다.

2. 인간관계의 원활한 조성
　인간관계란 것은 서로 생각을 주고받는다는 데에 최초의 출발점이 있다. 생각을 서로 주고받는 일로 해서 상대방의 입장을 이해하고 자기의 입장도 이해 받게 된다. 여기서 협조라는 것이 생겨난다.

3. 조정과 전달

 사물의 조정이나 정보의 전달이라는 것은 문서나 다른 수단으로도 가능하지만 사람이 한 곳에 모여 대화로 하는 것이 능률적이라고 말할 수 있다. 그리고 보다 자상한 이해의 바탕 위에 선 조정이나 전달이 가능하다.

4. 아이디어의 발굴

 사람들이 모여 각자가 저마다의 생각을 말함으로써 단순히 중지를 모으는 데 그치지 아니하고 「지혜의 발전」이 시작된다. 그리고 그 상승작용으로 예기치 않던 아이디어를 낳을 수 있다.

5. 참가에의 의욕의 개발

 토론에의 참가는 행동에의 참가에 연장된다. 공개된 장소에서의 발언은 자연히 책임을 수반한다. 그리고 그 결론이 비록 자기의 생각과 다르더라도 그 합의까지의 과정에서 참가했다는 자각은 다음의 행동에의 첫걸음이다.

 그래서 참가하고 싶다, 인정받고 싶다고 하는 욕망은 인간 공통의 것인데 회의에 참가함으로써 이 욕망을 충족시킬 수 있다.

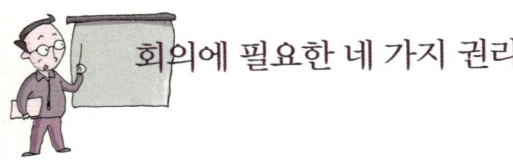

회의에 필요한 네 가지 권리

회의의 원활한 진행을 위해서 다음 어떠한 요구조건이 필요할까. 다음과 같은 네 가지의 권리를 통해 그 조건이 성립될 수 있다.

1. 다수의 권리
다수의 사람에 의해서 일을 결정하는 권리다.「다수결로 결정하자」라고 말하는 것처럼 다수의 찬의가 최상의 결론이라고 생각하는 것이다.

2. 소수의 권리
분명 일이 다수자에 의해서 결정되나 소수자의 존재를 무시해서는 안 된다.「소수 의견의 존중」이라든가「다수의 횡포」라고 표현하는 것과 같이 소수의 의견을 무시해버려 두어서는 안 되며 다수가 수로써 마음대로 처리하는 따위의 일이 있어서도 안 된다. 소수가 때로는 다수로 바뀔 수도 있다는 것도 유의해 두고 싶다. 빼어난 의견은 지금까지 다수라고 생각되어 오던 것을 누르고 소수를 다수로 바꾸는 것이다. 열 사람 중에서 여섯 사람까지 한 쪽 의견에 기울어 있던 것이 한 사람의 의견으로 역전하는 것은 흔히 있는 일이다.

3. 개인의 권리

회의는 '단체'이지만 그 속에 있어서 '개인'이 억눌림을 당하는 일이 있어서는 안 된다. 인간 고유의 존엄이나 개인으로서 행사할 수 있는 회의에 있어서 무시당하는 일이 있어서는 안 된다. 고의로 존재를 무시한다거나 발언을 억지로 봉쇄하거나 하는 일은 어떤 의도를 가진 부정한 회의에서 흔히 볼 수 있는 현상이다.

4. 부재자의 권리

회의는 우선 참가하는 데 의의가 있지만 그렇다고 해서 참가할 자격이 있으면서 어떤 사정으로 부득이 참가하지 못하는 사람이 권리를 잃는 일은 없다.

다른 사람에게 위탁하거나 문서로 의견을 전한다거나 해서 참가할 권리가 있다. 그리고 조직을 구성하는 일원에게 통지도 없이 모르는 사이에 조직이나 단체를 해산할 수는 없다. 이를테면 다른 목적으로 소집한 회의에서 갑자기 목적을 변경하여 해산을 결의하는 따위는 부재자의 권리를 침해하는 일이다.

이상에서 말한 바와 같이 회의는 이 네 가지의 권리가 곳곳에서 서로 유기적 관계로 이뤄져 있다. 이 권리는 각각 고유의 중요성을 갖고 있으며 이 중 하나라도 무시되는 일이 발생한다면 그것은 이미 민주적 회의 절차를 파기한 것이다. 이는 「회의로서의 사명을 상실했다」라고 말하더라도 지나친 말은 아닐 것이다.

회의는 '단체'이지만 그 속에 있어서 '개인'이 억눌림을 당하는 일이 있어서는 안 된다. 인간 고유의 존엄이나 개인으로서 행사할 수 있는 회의에 있어서 무시당하는 일이 있어서는 안 된다. 고의로 존재를 무시한다거나, 발언을 억지로 봉쇄하거나 하는 일은 어떤 의도를 가진 부정한 회의에서 흔히 볼 수 있는 현상이다.

제2장
좋은 회의란 무엇인가

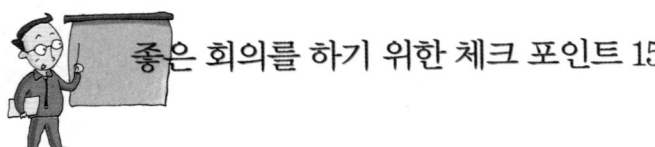
좋은 회의를 하기 위한 체크 포인트 15

   회의를 열기 전에 먼저 다음과 같은 사항을 점검해야 한다. 다음과 같은 조건을 갖추고 있다면 회의는 좀 더 원활한 진행이 될 수 있을 것이다.

 1. 문제는 무엇인가, 그리고 그것은 회의에 붙일 만한 가치가 있는 문제인가.
 2. 개인의 의사로 결정할 수 없는 일인가.
 3. 회의 참가자는 누구를 선정하는가.
 4. 회의 참가자는 이 문제에 대해서 지식이나 경험이 풍부한가.
 5. 회의 참가자에 관계있는 일인가.
 6. 소집하는 회의 참가자는 이 문제에 대해서 해결의 역할을 해낼 수 있는 사람들인가.
 7. 회의 개최 전에 자료의 배부는 필요한가.
 8. 회의 개최 전에 미리 연구하도록 해 둘 필요성은 없는가.
 9. 의제는 어떻게 표현을 하면 좋은가. 부제는 필요하지 않는가.
 10. 어떠한 소집 방법을 취할 것인가.
 11. 장소, 일시, 소집하는 인원수는 어떻게 하는가.
 12. 어떠한 기분으로 회의 참가자는 회의에 출석하는가.

13. 회의장의 준비는 완전한가. 음료수, 마이크, 보드, 음식물의 준비는?

14. 회의의 결론으로서 기대되는 성과는?

15. 의장에 누구를 선임하는가. 그리고 어떤 방법으로 선임하는가.

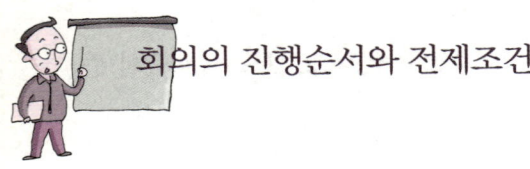
회의의 진행순서와 전제조건

회의는 일정한 순서를 지니고 있다. 이는 회의의 성격과 조직의 특성에 따라 조금씩 차이가 있으나 대체로 다음과 같은 일정에 의해 진행된다.

1. 개최
정각이 되면 소집자는 개회를 선언한다.
"오늘은 바쁘신 중에도 이렇게 참석해 주셔서 감사합니다. 그러면 시간이 되었으니 개회하고자 합니다."

여기서 의장이 정해지지 않았을 경우에는 어떤 방법으로 의장을 선임할 것인가 자문한다. 보통 「사회자 일임」이든가, 「주최자-곧 소집자 일임」으로 된다. 의장이 사전에 정해져 있을 경우는 개회와 동시에 의장석에 착석하여 개회를 선언하면 된다.

2. 의장의 선임
「일임」이외에 「선거」또는 「추천」등 여러 가지 선임 방법이 있다.

3. 의장의 인사
의장은 회의가 원만하게 진행되도록 전원에 대하여 협력을 요청함과 동시에 그 때 그 경우에 맞는 인사를 하면 된다. 긴 인사말은 피하는 것이 좋다. 마치 회장이나 이사장에 취임한 때와 같은 인사를 하는 사람이 있는데 그 날 하루에 한한 의장이라면 거추장스러운 인사는 실수를 산다.

4. 정족수의 확인

회의가 성립하자면 정수 이상이 아니면 안 된다. 정족수가 부족하면 즉시 소집을 걸거나 유회하는 수밖에 없다. 사내 회의와 같은 정족수를 계산에 넣지 않는 회의도 있는데 이런 회의는 모인 인원수를 정족수라고 생각하면 될 것이다.

5. 의사록의 서명인

작성자는 반드시 필요하다. 회의의 기록을 맡는 사람과 그것을 확인하는 사람은 회의에서는 불가결한 존재다. 서명인은 두 사람이다.

6. 전회 의사록의 승인

이미 끝난 회의의 기록 따위는 필요 없다고 생각하는 것은 크게 잘못이다. 전회에 어떠한 일이 토의되었고 결정되었는가를 아는 일은 이중의 토의를 피함과 동시에 인식을 새롭게 하게 한다.

7. 보고 사항

토론의 전제가 될 만한 보고나 설명은 유익하다.

8. 의사

순서는 특별, 일반, 신의제로 된다.

9. 폐회와 폐회 인사

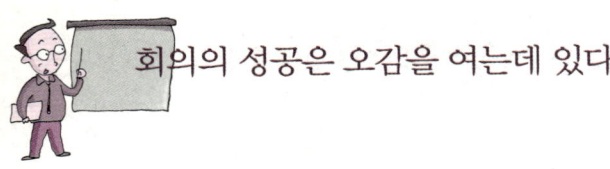
회의의 성공은 오감을 여는데 있다

회의장의 환경조건은 회의의 성공 여부에 큰 영향을 미친다. 쾌적한 회장은 좋은 회의 좋은 결론을 얻게 한다. 불쾌한 회장은 회의 참가자를 피곤하게 만들고 신경을 건드린다.

좋은 회의장이란 어떤 곳인가 하면 사람의 오관에 대하여 장해를 주지 않는 곳이라 말할 수 있다. 곧, 눈·귀·코·혀·피부의 오관-이것을 자극하는 요인을 제거하는 것을 뜻한다.

「눈」

첫째, 채광이다. 너무 밝은 회의장, 한쪽에서 강렬한 햇볕이 들어오는 회의장 등은 좋지 않다. 회의장은 전체의 사람이 두루 보이는 평균적인 채광이 필요하다. 햇볕뿐 아니다. 색채나 극단적인 장식도 포함된다. 이를테면, 사회자, 의장석의 뒷면에 대형의 누드 사진이라도 있었다고 한다면 회의 참석자가 남성인 경우 시선이 그것에 쏠려 마음이 안정되지 못한다.

「귀」

소리는 중요한 역할을 한다. 소음이 들리는 회의장, 서로가 주고받는 말소리가 알아듣기 힘 드는 회의장은 피하는 것이 좋다. 토의가 진지하게 진행되는 도중에는 환풍기 소리나 냉방이 가동되는 소리조차도 귀에 거슬린다. 편리한 것 같으면서도 생각밖에 회의의 분위기를 깨뜨리는 것에 전화가 있다. 전화의 벨 소리가 울리면 조용한 회의장에서는 모든 사람의 주의가 여기 집중한다. 회의 참가자는 저마다「누구에게 걸려온 것일까, 혹 내게 온 것이 아닐까」모두 그렇게 생각하기 마련이다. 최근의 전화는 성능이 좋아진 때문인지 상대방의 말소리까지 들려 올 때가 있다. 젊은 여자의 목소리가 들리거나 하면 한층 더 호기심이 생겨 마음이 흐트러진다. 그러므로 휴대전화는 모두 꺼두는 것이 좋다. 긴급할 경우에는 살짝 메모를 건네주는 배려가 바람직하다.

「코」

회의 진행 시 불쾌한 냄새가 나는 회의장은 절대로 피하는 것이 좋다. 좋은 냄새도 때로는 장해가 된다. 강한 향료냄새, 음식물의 냄새도 그다지 좋은 것이 못된다. 배가 고플 때의 음식물 냄새는 참을 수 없다.

「혀」

이는 곧 입이다. 이것은 회의장이라기보다는 회의 때의 주의 사항이라고 말할 수 있다. 마시는 것, 먹는 것, 특히 술 종류 따위를 내는 데에는 주의를 기울여야 한다. 마실 물쯤은 별것 아니라 하더라도 콜라, 커피, 주스 따위의 음료는 회의의 타이밍을 잘 살펴서 내놓아야 한다. 이제 곧 결론이 지어질듯 한 시기에 이런 것이 나오면 일순에 분위기가 바뀌는 일이 있다.

먹는 음식물 따위, 특히 회의 중에는 식사도 피해야 한다. 사람도 본능적인 동물이다. 시장할 때의 음식물은 회의보다 우선할 경우가 있다. 첫째, 음식을 먹으면서 말하는 것은 그리 보기 좋은 꼴이 아닐 뿐 아니라, 집중적인 회의가 될 수가 없다.

술 종류는 절대 금물이다. 술이 들어가면 사람이 달라지는 사람도 있다. 술은 감정을 자극하고 정확한 판단을 결한다. 「음주회의는 사고의 원인」이다. 녹음을 해서 연구한 적도 있는데 술이 들어가면 대개의 경우 「되는 대로 되라는 식의 회의」가 되기 일쑤이다. 지금까지 억제해 온 감정이 폭발해서 싸움판이 벌어질 수도 있다.

「피부」

추운 회의장, 더운 회의장은 적당하지 않다. 공기 조정 설비가 있는 회의장이 가장 이상적이지만, 그것이 없더라도 쾌적한 온도를 유지할 수 있는 회의장을 준비하는 것이 바람직하다.

다음에는 인원수와 회의장의 넓이에도 배려를 기울여야 한다. 인원수에 비례한 회의장이란 것은 사람을 「생각하는 자세」로 만든다. 7~8인의 집회인데 텅 빈 것 같은 넓은 회의장은 허전한 느낌이 앞서 마음의 안정을 기할 수 없다. 정원을 훨씬 초과한 회의장은 숨 막힌다. 좁고 답답한 변형의 회의장, 기둥이 많은 회의장, 시야가 가리는 회의장도 좋지 않다.

회의에 경중은 없다고 하겠지만 그것이 중요성을 가질수록 회의장의 설치도 그에 상응하도록 마음을 써야 한다. 한 보기로서 식당이나 주방에 가까운 회의장을 피하는 것이 좋다. 음식 만드는 소리나, 사람의 말소리, 냄새 따위가 은근히 침입해 온다. 분별없이 때와 장소를 생각하지 아니하고 회의 중에 마실 것이나 먹을 것을 가지고 들어오는 수가 있는데, 사전에 회의 담당자는 잘 지시해 두어야 할 것이다.

　그런데, 이와 같은 여러 조건들을 어떻게 최대한으로 갖추느냐 하는 것은 더우면 윗도리를 벗게 한다거나 창문을 열어 바람이 들어오게 한다거나, 너무 넓은 회의장은 칸막이를 세워 격리시킨다거나 하여 사전에 머리를 써서 준비하면 될 것이다. 결론적으로 남의 손에 맡겨만 두지 말고 담당자가 직접 자기 눈으로 확인하는 것이 좋은 회의장을 만드는 첫걸음이 아닐까 하고 생각되는 것이다.

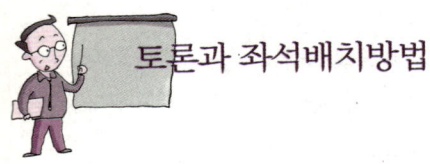
토론과 좌석배치방법

　회의장에 있어서 「좌석의 배치」는 하나의 포인트이다. 무엇보다 먼저 의장이 참석자 전원을 한 눈에 볼 수 있어야 한다. 참가자에게 있어서도 의장의 얼굴이 보이고, 참가자끼리도 서로의 얼굴을 볼 수 있도록 배치해야 한다.
　거리에도 주의해야 함은 말할 것 없다. 아무리 얼굴을 서로 볼 수 있다 하더라도 상대방의 얼굴이 어렴풋하게 보일 정도라면 의미가 없다. 의장과 참가자와의 거리, 참가자 서로의 거리는 너무 떨어지지 아니하고, 너무 가깝지 않도록 고려해야 한다.

「제1도」

이상적인 모양이다. 전원의 얼굴이 보이고, 폭이 좁지도 넓지도 않고 의장과 참가자의 간격도 적당한 거리가 유지되고 있다.

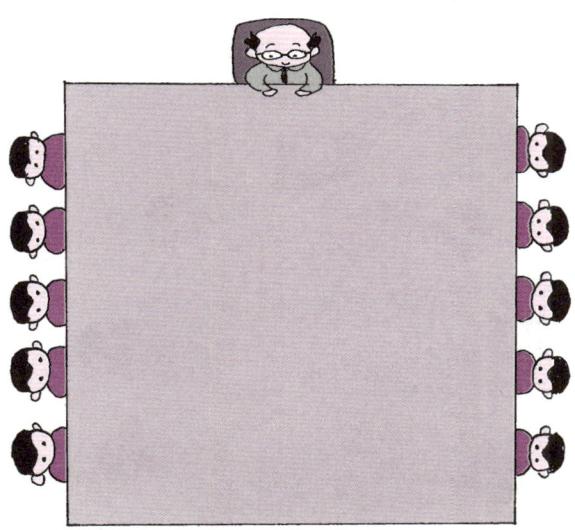

「제2도」

제1도와 매우 비슷하지만 의장과 참가자와의 간격이 너무 좁다. 의장과 좌우의 사람 사이를 좀 넓히도록 연구해 봄직하다. 둥근 테이블은 옆으로 퍼지는 느낌을 주는 것이므로 너무 큰 것은 적당하지 못하다.

「제3도」

 의장의 자리에서 보면 시네마스코프와 같다. 참가자의 얼굴이 시야에서 벗어나 회의를 진행시키는 데 지장을 준다. 그리고 중앙의 공간은 되도록 작은 편이 좋다. 공간이 크면 구멍이 난 것 같아 친근감이 희박해진다.

「제4도」

너무 좁다랗게 길어지지 않도록 유의해야 한다.

「제5도」

흔히 보는 배치다. 첫째 안쪽에 앉은 사람은 의장이 아닌 앞자리에 앉은 사람에게 발언하는 꼴이 된다. 의장에게 말하려 하면 몸을 돌리지 않으면 안 된다. 바깥쪽 좌우의 사람도 마찬가지이다. 결정적으로 나쁜 것은 안쪽의 사람이 서로 등지고 있어 서로의 얼굴이 전혀 보이지 않는 점이다.

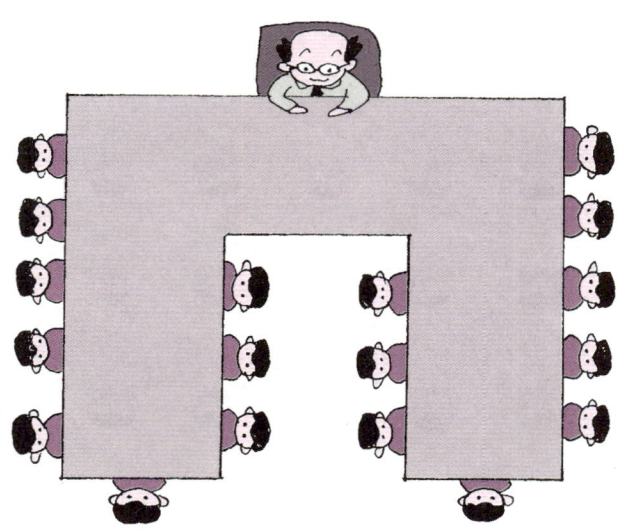

「제6도」

이 스타일은 회의가 아니라 강의와 같아서 소위 성당식이다. 참가자 서로의 얼굴이 보이지 아니하고 그룹마다 독립하고 있는 느낌이 들어 마치 의장으로부터 일방통행의 느낌이 있다. 회의가 될 수 없다.

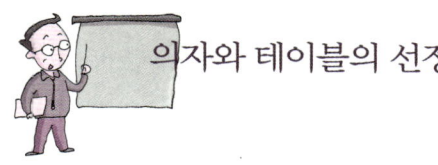
의자와 테이블의 선정이 중요하다

 의자와 테이블의 선정도 중요하다. 장시간의 회의에서는 의자와 테이블의 좋고 나쁨이 조금씩 효과를 나타낸다.
 의자는 앉기 좋고 안락한 것이 좋다. 너무 폭신하거나 뒤로 젖혀지는 것은 피하는 것이 좋다. 깊게 파묻히는 의자와 파이프의자와 같이 딱딱한 것을 비교할 때 이상적이라고는 할 수 없지만 파이프의자가 나을 경우가 있다. 폭신폭신한 의자는 우선 기분은 좋으나 자세가 일정하지 못하여 똑바른 의견이 나오기 쉽지 않다. 지루한 회의의 경우에는 졸음도 유발한다. 파이프의자는 쾌적하지는 못하지만 똑바른 의견이 나오는 법이다.
 의자는 조금쯤 신축성이 있고 일정한 자세가 유지되는 것이 좋다. 인간의 행동이나 발상은 그 자세에 따라 좌우된다는 것을 알아 두어야 할 것이다.
 의장의 의자는 행동적인 것이 좋다. 묵직한 의자는 보기에는 안정감이 있고 위엄이 있어 보이지만 회의 중에 일어서야 하는 일이 있기 때문에 행동하기 편한 것이 좋다.
 너무 낮거나 너무 높은 것도 좋지 않다. 테이블의 다리가 일어서서 발언할 때마다 부딪치는 것도 기분이 좋지 않으므로 이런 점에도 유의해야 할 것이다.

색채가 화려한 테이블도 적당하지 못하다. 흰 테이블 보자기를 덮어 씌운 청결한 테이블은 기분이 좋은 것이다.

 참가자는 흔히 회의에 필요하지 않은 물건을 가지고 들어오는 수가 있다. 테이블 밑에 시렁이 붙어 있는 것은 편리하다. 테이블의 넓이에 마음을 쓸 필요가 있다. 자료, 서류, 이름표 같은 것을 놓을 스페이스는 있어야 한다. 녹음기를 얹어 놓는 사람이 있는 것도 잊어서는 안 된다.

 의장의 테이블은 참가자의 것보다 작아서는 안 된다. 의장이 「작아 보이는데요.」로 되어서는 효과적 측면에서 좋지 않으며 의장은 그 때문에 필요 이상으로 힘이 들어야 한다. 의장은 회의의 중심이므로 그에 알맞은 꾸밈이 필요하다.

반대하는 사람은 의장의 옆자리로 하라

　반대 의견인 사람이 있다면 의장의 옆자리를 선택하는 편이 좋다. 일반적으로 회의의 자리를 위에서 내려다본다면 그것을 가로로 둘로 나누어 의장석이 있는 쪽은 여당석, 반대쪽은 야당석이라고 표현될 수 있을 것 같다. 의장석에 가까운 쪽은 의장의 편인 것 같은 기분이 되고 반대로 먼 쪽은 의장과 상대하는 기분이 되어 발언의 내용도 달라지는 것이다.
　참가자의 형태는 열이면 열 모두 각색이다. 전혀 말하지 않는 무언형이 있는가 하면 무슨 꼬투리를 잡더라도 반대하지 않고는 베기지 못하는 반대형도 있다.
　그런 가운데서 반대형의 사람을 ⑨의 위치에 앉히는 것은 좋지 않다. 의장을 정면으로 마주보고 「기다리고 있었다」는 듯이 덤벼들게 하는 결과가 된다. 그러므로 그와 같은 사람은 ①, ⑮와 같은 자리에 앉게 하는 것이 좋다. 의장의 옆에 앉으면 절로 자각도 달라져서 의장과 가까운 터수에 반대 의견을 꺼내기가 어려워지는 법이다.
　⑧, ⑨의 자리에서 반대 의견이 나오면 도리어 적극적으로 나서서 중개 역을 맡는 일도 드물지 않다.
　①, ②, ⑮, ⑯의 자리는 의장의 입장에서는 가까이 자기편에 끌어들여둔다는 작용과 사가의 위치에 있기 때문에 적당히 무시할 수 있다.

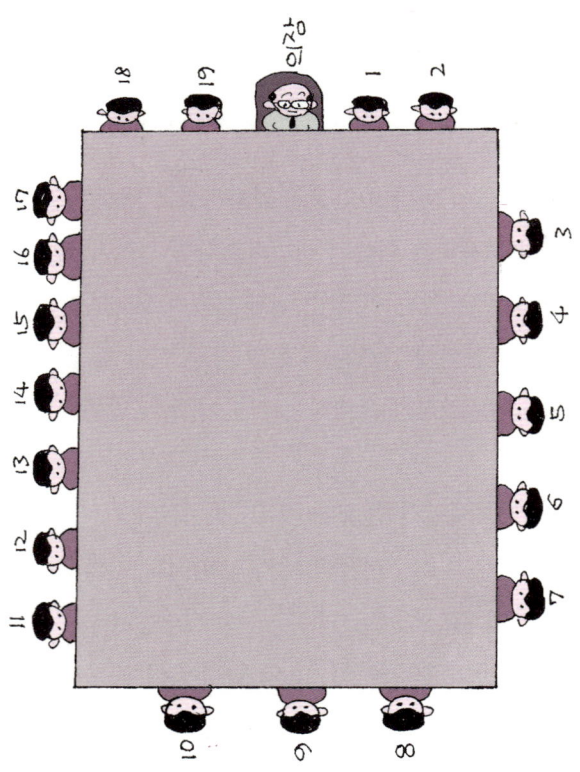

반대로 참가자는 참가 의식이 고조된다. 같이 골프나 운동하는 친구를 나란히 앉히는 것은 생각할 문제다. 사사로운 잡담과 논란의 불씨를 만드는 것과 다름없다.

  그러나 참가자는 반드시 이와 같은 이상적인 자리에 앉아 주지는 않는다. 그러므로 담당자가 자리를 만들 때 미리 이것에 유의하여 명찰을 배치해 두면「지정석」이 되어 저항 없이 자기 자리에 앉게 된다. 참가자 서로의 경우에도 이 이론은 타당성이 있어 대립이견을 가진 사람을 ⑤와 ⑮라든가 ⑩과 ⑳의 자리에 앉히는 것은 좋지 않다. 대립의견을 가진 사람끼리는 나란히 앉히면 되는 것이다.

# 플러스알파의 준비성

쾌적한 환경의 회의장에 빠뜨릴 수 없는 것은 보조적 역할을 하는 준비물이다. 그 중에는 얼핏 보아 필요 없는 것같이 여겨지는 것도 있으나 필요 없다고 생각되던 것이 뜻밖에 유용할 때가 있으니 준비해 두는 것이 바람직하다.

「유비무환」이라고 할 수 있다.

그래서 필요한 것을 들어 보면 보드와 지우개, 백묵(각 색 몇 개씩), 필기 용구, 탁상용 종, 시계, 매직펜과 종이와 게시판, 이름표, 녹음기와 녹음테이프(콘센트의 확인), 영사기와 영사막 — 기계의 조정, 확성 장치 — 음량의 조절, 컵 등 접대 용구와 걸레, 셀로판테이프와 핀, 메모 용지, 호출판, 카메라, 복사기기와 감광지.

그리고 모든 준비는 항상 플러스알파를 생각해 둘 필요가 있다. 이를테면 녹음테이프의 경우에 있어서도 필요하다고 생각되는 수량보다 한 개 더 많이 준비할 필요가 있다. 한 개 더 준비하는 것이 얼마나 효과를 나타내는가 하는 것은 실제로 준비해 본 사람의 체험에서 나온 지혜다.

영사기도 되도록 전구를 하나 더 준비하는 배려가 바람직하다. 조금 전까지만 해도 잘 되던 것이 막 사용하려 할 때 전구가 나가서 작동하지 않는다 — 이런 일이 흔히 있는 법이다. 그러면 「그 때 가서 당황해 본들 늦다」는 말이 당연히 나오게 된다.

 호출판, 플랫카드 같은 것이 있으면 회의 중에 소리를 내지 않아도 된다.

 복사기는 자료가 일부밖에 없을 때 전원에게 즉시 배부해 주기 위해서 활용하든가, 문장의 정정 따위가 있더라도 시간만 있다면 정서해서 복사한 후 전원에게 나누어 준다든가 하여 나중에 부쳐 주는 수고를 덜 수 있다. 중요한 결의문이나 계약상의 일 따위도 문서로 즉시 배부하면 전원에게 확인을 받을 수 있게 되어 훗날 착오를 일으키지 않는다.

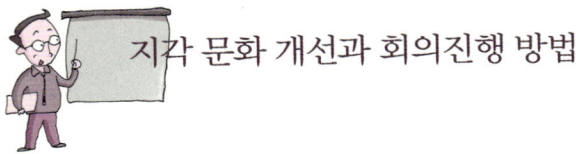

지각 문화 개선과 회의진행 방법

　회의는 소집에서부터 시작한다. 정기적인 회합으로 시간이나 장소가 정해져 있을 경우는 좋으나, 그렇지 않은 회합은 시간과 장소의 설정에 충분한 배려를 기울여야 한다. 모이기 쉬운 시간과 장소가 있는 반면에 모이기 어려운 시간과 장소도 있다는 것을 알아 둘 필요가 있다. 눈만 뜨면 회의가 기다리는 오늘의 실정에서는 참석자의 사정이나 형편을 항상 염두에 두고 있을 필요가 있다.

　소집자는 원칙으로서 의장 또는 그와 비슷한 입장에 있는 사람들이다. 사장, 이사장, 회장, 부처의 과장 등 각색이다. 소집에는 먼저 회의의 목적과 일시 장소를 일찍 통지하여 전원이 참가할 수 있도록 여유가 있어야 한다. 사내 회의 같은 것은 회사라고 하는 테두리 안에 있는 사람을 모으기 때문에 힘은 비교적 덜 들지만, 그래도 부서에 따라서는 가장 바쁜 시간대라는 것이 있으므로 이 점에 유의해야 한다. 조조 회의를 여는 것도 이른 아침이면 업무에 지장이 없는 시간이라는 이유에 기인하는 경우가 많다.

　이른 아침의 머릿속이 맑은 시간, 즉 혼잡한 시간을 피해서 모인다. 확실히 조조 회의는 장점이 많다. 그러나 잔업이 계속되어 수면마저 충분히 취할 수 없는 시기에는 장단점이 있다.

일반적인 회의의 경우, 모이는 사람의 교통사정과 업무의 형편 등을 충분히 고려해야 한다. 기차의 도착 시간이나 비행기의 출발 시간을 알아 낼 필요도 있을 것이고, 교통이 혼잡한 때이니만큼 회장까지의 거리, 입지 조건도 신중하게 검토해야 할 것이다. 개회 시간도 시간이지만, 돌아가는 길도 생각해서, 회의가 끝나는 시간도 검토해야 할 여지가 있다. 그리고 식사문제, 먼 곳으로부터 출석을 요구할 경우에는 숙박문제도 고려할 필요가 있다.

정한 시간에 시작하지 못하는 회의는 몇 차례 열어도 늦는 것이 버릇이 되어 언제든지 늦어지기 마련이다. 그리고 그 버릇은 횟수가 거듭될수록 30분에서 한 시간으로 시간차가 벌어진다. 그 버릇을 바로잡기 위해서는 이따금 1시 15분이라든가 하는 따위로 딱 떨어지지 않는 시간을 정하는 것이 좋다. 되풀이해서 이 방법을 쓰면 이내 또 되돌아가겠지만 한두 번은 효과가 있다.

의외성이란 것은 사람의 관심을 높인다. 정각에 시작하는 회의를 원한다면 정각에 시작해서 정각에 끝나는 버릇을 들여야 하며, 신뢰감이 있다는 것이 회의 소집의 비결이다. 다음 회합의 일정은 오늘의 회의에서 결정된다.

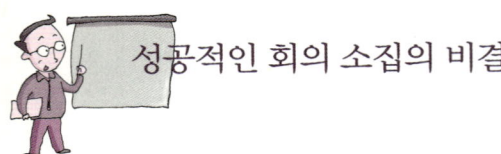

성공적인 회의 소집의 비결

특히 강제력을 가지지 아니한 그룹 활동의 회의 같은 데서는 결석자가 마음에 걸리는 존재다. 그래서 왜 결석하는가를 생각하기 이전에 사람은 왜 회의에 참가하는가 하는 점을 잠시 생각해 보고자 한다.

회의에 출석하는 이유의 첫째는 소집 받았기 때문이다. 이것은 참으로 당연한 일이지만, 이 소집을 받는 방법에 문제가 있다는 것을 먼저 지적하고 싶다. 문서로서 소집된 것인가, 간접적으로 몇 사람을 거쳐 전달된 것인가 등의 이러한 소집 방법이 중요하다.

구두로 몇 사람 거쳐서 전달되어 온 것보다 직접 소집자로부터 전달된 편이 훨씬 낫고, 구두로 소집된 것보다 문서로 소집된 편이 '무게'가 있을 것은 당연하다.

문서로 소집되고 회의 전날에 소집자로부터 전화를 받는다면 그 '무게'는 배가 되는 것이고, 그 위에 함께 가자고 찾아 주기까지 한다면 한층 참가하는 힘이 강해질 것은 당연하다.

다음은 참가한다고 하는 마음의 문제이다. 소집을 받기는 했지만, 출석하고자 하는 마음이 내키지 않으면 그 사람은 결석이다. 여기가 갈림길이다. 출석하고자 하는 마음은 어디서부터 일어나는가. 그 원인은 가지각색이겠으나 요는 그 소집된 회의가 매력이 있는가 그렇지 않은가에 달려 있다.

지루하거나 결론이 내렸어도 실행되지 못하는 회의, 어느 일부 사람에 의해서 독점되어 결론을 뻔히 내다볼 수 있는 회의, 때가 되면 항상 열리나 아무런 새로운 맛도 없고 언제 끝날지 모르는 맥 풀린 회의-이래서는 전혀 매력이 없다. 그러므로 이와 같은 회의에는 사람이 모이지 않는다. 무엇보다도 의의 있는 회의일 것이 중요하다.

그렇다면 의의란 것은 무엇일까. 그것은 자기의 의견이 반영되는 회의이며,「자기 존재」가 가치를 가지는 회의이다.

자기를 필요로 하고 있다는 것이 얼마만큼 사람을 움직이는 것인가 하는 것은 설명할 필요조차 없다. 그 회의가「자기를 필요로 하고 있다」라는 자각을 가지게 해야 한다. 이를테면 소집된 일시에 두 가지 용건이 겹쳤다고 치자. 그러면 어느 쪽을 택할 것이냐 하면, 그「요청 받는 정도」의 강하고 약함에 따라 결정할 것은 뻔한 일이다.

다음은 공감의 문제이다. 그 회의의 목적이 소집 받는 사람의 공감을 부르는 것이 아니면 안 된다. 전혀 방향이 다르고 사상이 다른 회의에는 출석하기 힘들다. 특히 위험한 가시가 돋쳐 있다고 느껴지는 회의는 출석에 제동을 건다.

입장이라는 문제도 있다. 지금까지 소집 받는 쪽의 한 사람이었던 A씨가 소집하는 편에 서게 되면 태도는 일변한다. 결석 상습범인 A씨는 틀림없이 개근자가 될 것이다. 이것은 책임의 소재가 달라졌다는 것과 자각하는 입장이 바뀜에 따라 변화를 일으킨 것이란 것을 뜻하는 것이다.

그런데, 참가 의식이 매우 강한 사람이라도 결석하는 일이 있다는 것을 알아 두어야 할 것이다. 그 이유는 「사람에게는 부득이한 사정이 있을 수 있다」는 것이다. 물리적으로 출석이 불가능한 일도 있을 수 있다.

그래서 소집자는 이런 점을 충분히 고려하여 회의를 소집하고 운영할 것이 중요하다.

모이기 쉬운 장소, 모이기 쉬운 시간과 날짜, 출석하고자 하는 의욕을 북돋우는 회의 목적, 완전한 연락, 이런 것들이 먼저 갖추어져 있지 않으면 안 된다.

모이기 쉬운 장소라고 하면 찾기 쉬운 장소, 교통 사정(이것은 교통편이 편리하다는 것과 동시에 도착 시간을 고려할 것이 필요)이 좋은, 곧 주차 설비가 있는 곳 등 여러 가지 조건이 포함된다.

적정한 시간과 날짜의 선택 - 먼저 일요일은 요즈음 가족 서비스의 날이 되다시피 하고 있으므로 피하는 것이 좋다. 장사를 하고 있는 사람은 월초와 월말은 출석하기 어렵다. 5일이나 10일과 같은 날도 지불일이 되는 일이 많으니 고려해야 할 듯하다. 정례회의 등에 나가는 사람은 없는가 하는 조사도 필요하다.

시간은 식사의 시간대를 피하는 편이 좋다. 특히 소집 측에게 식사를 제공하지 않는 회의는 지각 회의가 되기 일쑤다.

반대로 「식사를 제공하는 회의」는 「강하다」라고 말할 수 있을 것 같다. 인간의 본능이라고나 할까 음식물은 사람을 끌어당기는 힘이 있다.

오전 중에 일을 처리하고 오후에 회의에 나간다거나, 오전 중에 회의를 하고 오후에 일을 한다거나, 하루의 일을 끝내고 나서 회의에 나간다거나, 한 주일 동안의 일을 정리하여 회의에 나간다거나, 사람에 따라 각기 사정이 다르기 때문에 한 마디로 말하기는 어렵지만, 오후 3시라는 시간은 내가 경험한 바로는 모이기 쉬운 시간이다. 오전 중 일을 끝내고, 점심을 먹은 뒤 오후 일을 대충 마무리하고 나올 수 있는 이점이 있기 때문인지 모른다. 때로는 1시라든가 3시가 아니고, 1시 15분이나 2시 45분과 같은 중간 시간으로 시작하는 것도 효과적이다. 이것은 뜻밖이라는 느낌을 주는 것과 정확한 개회시간을 알린다는 뜻도 있다.

 좋은 초청 인사나 저명인사의 테이블 스피치를 준비하는 것도 사람의 관심을 끄는 무엇인가를 가지고 있다.

의사록 작성 방법

의사록은 어떠한 일이 의논되고 결정되었는가 하는 귀중한 기록이다. 이를 통해 다음의 회의에도 도움이 된다. 의사록은 그 사본을 배부함으로써 결석자를 비롯하여 회의 참가자 이외의 사람에게도 회의의 모양을 알려줄 수 있는 중요한 기능을 한다. 그리고 기록을 남김으로써 참가자가 회의에 책임 있는 태도로 임한다는 효과도 있다. 녹음합니다, 녹화도 합니다. 라고 하면 의식이 높아지는 것과 마찬가지의 효과이다.

의사록의 내용은 회의의 성격이나 중요도에 따라 전혀 다르다. 한 나라의 정치나 세계의 진로를 결정하는 것과 같은 회의의 경우는 말 한마디 한마디가 전부 기록되는 것이 통례이지만, 보통의 회의에서는 거기까지 필요하지는 않다.

기록할 사항을 들어 보면 다음과 같다.
1. 회의의 연월일, 장소, 회의명
2. 회의 참가자의 명단
3. 회의 불참자의 명단
4. 의제
5. 의사 경과 - 의제마다 어떠한 경과를 거쳐 어떻게 결정 되었는가

6. 의장, 서기, 의사록 서명자의 명단
7. 특히 첨가해서 기록할 사항
8. 차 회의의 일시, 장소

 의사 경과에는, 중요한 발언의 기록, 의결시의 찬부의 수 따위도 넣어 두는 것이 좋다. 의사록은 작성되면 먼저 의장이 읽어 보고, 다음으로 의사록 서명자가 확인하는 방식으로 하는 것이 바람직하다. 회의에서 논의되고 결정된 것과 기록의 내용이 틀리지 아니한지 각자가 확인하는 것이다. 회의의 기록에 한하지 아니하고, 인간의 주관이나 생각하는 입장에는 여러 가지가 있으므로 이 점도 충분히 고려하여서 점검할 필요가 있다.

 의장은 특히 중요하다고 생각되는 부분이 있으면 회의 중에 서기에게 「이렇게 기록하면 되겠습니까?」라고 확인하건 좋을 것이다. 아무튼 의사록은 정확해야 하며, 이것이 부정확하고 애매했기 때문에 훗날 문제를 남긴 것은 흔히 있는 일이다.

회의는 소집에서부터 시작한다. 정기적인 회합으로 시간이나 장소가 정해져 있을 경우는 좋으나, 그렇지 않은 회합은 시간과 장소의 설정에 충분한 배려를 기울여야 한다. 모이기 쉬운 시간과 장소가 있는 반면에, 모이기 어려운 시간과 장소도 있다는 것을 알아 둘 필요가 있다. 눈만 뜨면 회의가 기다리는 오늘의 실정에서는 참석자의 사정이나 형편을 항상 염두에 두고 있을 필요가 있다.

제3장
회의 목적과 형태

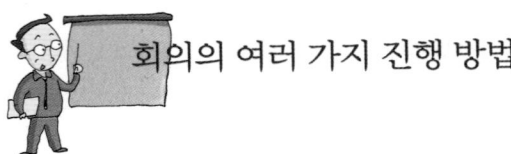
회의의 여러 가지 진행 방법

회의의 중요 목적은 문제해결을 위해 토의를 거쳐 결론을 도출해 내는 것에 있다. 이밖에도 회의를 통하여 정보를 전달한다거나 훈련을 한다거나, 협력 체제를 만든다거나, 여러 가지의 목적을 포함하고 있다.
그 유형을 분석해 보면 다음과 같다.

1. 문제 해결 회의
2. 지도 · 훈련 회의
3. 정보 전달 회의
4. 아이디어 회의
5. 대회의
6. 연구 · 교육회의

1. 문제 해결 회의

회의 자체는 일반적인 방법론이지만 문제를 해결해서 다음에 있을 행동을 일으키거나 현상을 바꾸어 보자는 것이 중심이 되는 중요기능을 한다. 중지를 모을 필요가 있으며, 하나의 집단이 의사 결정을 하는 것이기 때문에 결론을 이끌어내는 방법도 신중을 요한다. 집단의 의사 결정은 간단하게 변경되기가 힘들고, 한 번 결정해버린 일은 그 나름으로 현상을 유지하고자 하는 힘이 작용하는 것이기 때문에 안이한 결정은 바람직하지 못하다.

2. 지도 · 훈련 회의

 비교적 일방통행의 회의라 할 수 있다. 대화를 통하여 서로가 개발된다는 목적을 가지고 있다. 대개의 경우 가르치는 사람이 있어 그 지도에 따라 진행되어 간다. 그리고 때로는 회의하는 가운데서 훈련이 행해지기도 하고, 질문이나 의견을 통하여 지도자적 자질을 터득한다.

3. 정보 전달 회의

 한 사람 한 사람에게 개별적으로 정보를 전달하는 시간의 낭비를 한꺼번에 해결하고 정보를 전달하는 가운데 문제의 해결을 꾀하고자 하는 회의이다. 당연한 일로써 정보의 전달에 그치지 않고, 정보의 교환도 행하여지게 된다.

4. 아이디어 회의

 브레인스토밍(Brain Storming)과 같은 회의는 다양한 의견을 도출해 내며 도움을 가져온다. 경직된 분위기가 아니고 마음 편한 상태에서 탄력적으로 사물을 생각해 나가고자 하는 것이다. 활발한 발언, 기발한 생각도 환영하며, 경우에 따라서는 결론이 나지 않아도 무방하다. 그때 나온 문제를 다음 회의의 '밑거름'으로 삼는 것만으로 족하다.

5. 대회의

모든 관계자가 모이는 총회나 대회가 이에 해당한다. 진행방법이나 설영, 제출된 의제도 어떤 일정한 형식을 가지고 있다. 참가 인원이 특히 많으므로 질서 유지가 필요하다.

6. 연구 · 교육회의

전문적인 지식을 가진 사람이 모여서 연구 발표를 하거나 정보 교환을 하는 회의로, 결론을 내는 일보다는 거기서 나온 문제를 들고 돌아와서 '연구의 양식'으로 하는 것과 같은 일이 많다.

브레인스토밍(Brain Storming)이란 무엇일까

　브레인스토밍을 직역하면 두뇌 폭풍우라는 뜻이다. 이는 여러 사람이 모여서 개개인이 저마다 왁자지껄하게 아이디어와 의견을 내어놓고, 그 자극 작용에 의해서 보다 나은 아이디어나 결론을 끌어내고자 하는 것에서 나왔을 것이다. 개인으로서는 한계가 있는 아이디어를 집단의 집중적 토론에 의해서 한 걸음 더 사고를 발전시킬 수 있다. 이를 집중적으로 행하면 잊고 있었던 경험이나 기발한 생각이 튀어 나오는 연쇄 반응이 일어난다. 인간의 연상을 적절하게 토론 속에 살리는 셈인 것이다.
　아메리카의 광고 대리업자 알렉스 오즈본이란 사람이 생각해 낸 것이라고 말해지는데, 우리들도 일상에서 의식하지 않는 가운데 이와 같은 방법을 써서 토론을 하고 있는 것이다. 그러나 너무 분별없이 이 방법을 쓰면 수습할 수 없는 사태가 일어나므로 규칙이 만들어져 있다.

　1. 다른 사람의 의견에 대해서 무조건적인 반대와 비판은 삼간다. 이것은 거리낌 없이 의견을 내놓을 수 있도록 하기 위해서 생각된 것으로 엄격하게 지켜지지 않으면 안 된다. 다른 사람의 의견에 트집을 잡거나 비판을 가하면 자유로운 무드가 파괴되기 때문이다. 다른 사

람의 의견에 대해서 참견하려 드는 것이 보통이지만, 여기서는 입에 자물쇠를 잠그고 듣는 자세가 필요하다. 다른 사람이 자기의 의견에 대해서 비판을 가해오면 해명하고 싶어진다. 어떤 때에는 감정이 상하기도 한다. 그러므로 논쟁하는 일없이 주제로부터 멀어지지 않도록 주의를 기울여 아이디어의 양을 구하는 것이 바람직하다. 아무튼 엉뚱한 아이디어도 여기서는 환영이다.

2. 좋다 또는 나쁘다의 이분법적인 단정을 피한다.

3. 아이디어의 양을 집중적으로 대량 구한다.

4. 자유로움을 선호한다.

5. 다른 사람의 아이디어와 자기의 아이디어 그리고 집단 속에서 나온 아이디어를 연결시켜 보기도 하고, 개선하기도 분해해 보기도 하며, 지워버리기도 한다.

6. 주도자는 자기가 앞질러 가지 말 것. 발언하지 않는 사람에게 발언을 재촉하는 정도로 한다. 이것도 한 가지 유의할 일이다.

7. 왜, 언제, 어디서, 누구와, 어떻게, 무엇을 따위의 의문을 사용해서 아이디어를 발전시킨다. 그리고 다음과 같은 것도 알아 두는 것이 좋다.

(A) 보다 달리 사용할 길은 없는가?

(B) 다른 모양으로 변형되지 않는가?

(C) 대용은?

(D) 크게 하면?

(E) 작게 하면?

(F) 생략한다면?

(G) 다른 데서 아이디어는 없는가?

(H) 쪼개어 보면 어떨까?

(I) 순서의 변경은?

(J) 반대로 뒤집어 보면 어떨까?

(K) 합쳐서 맞추면 어떨까?

이들 힌트는 아이디어 개발에 크게 도움이 되는 것이다. 그래서 이것들을 전개시키기 위해서 준비가 필요하다.

1. 룰, 곧 규칙을 큼직하게 써서 붙여 둔다. 전원에게 항상 이 규칙을 지켜야 한다는 것을 인식시켜야 한다.
2. 리더 1명, 기록원 1명을 선정한다.
3. 아이디어를 많이 가진 사람을 모은다.
4. 전혀 다른 입장이나 다른 분야의 사람을 모으면 그 집단에서 생각해 내지 못했던 새로운 발상이 나온다.
5. 보드를 100%로 활용한다.

6. 규칙 위반을 지적하기 위해 벨 같은 것을 준비한다.

7. 사람의 집중력이 가장 발휘될 수 있는 장소와 시간을 택한다. 전화나 출입자는 모두 차단한다.

8. 배가 부를 때나 고플 때는 피한다. 술은 회의에서는 절대로 금지이지만, 두뇌 활동을 유연하게 하기 위해서 경우에 따라서는 내는 것도 한 방법이다.

9. 시간은 길게 잡아 한 시간으로 한다. 전원이 숙달해지면 10분, 15분으로도 크게 효과를 나타내는 것이다.

10. 사전에 회의 참가자에게 문제를 제시해 주어 미리 생각해 두도록 한다.

11. 회의 참가자는 문제와 관련이 있는 구체적인 자료를 가져오도록 준비한다.

12. 인원수가 많을 때에는 나눌 필요가 있다. 이것은 전원이 시간 내에 모두 발언할 수 없기 때문이다.

그런 뒤, 리더는 가능한 한 자유로운 분위기 조성에 노력한다. 양복 저고리를 벗거나 넥타이를 늦추게 하는 것도 좋다. 자유롭고 편한 자세를 취하도록 권하는 것도 좋다. 발언을 유도하기 위해 질문을 쉴 새 없이 던진다.

그런 뒤 제출되는 문제를 기록원한테 지시해서 순서 있게 재빨리 정리해 나간다.

그리고 리더나 기록원은 조건반사가 좋은 사람, 두뇌의 회전이 빠른 사람이 적합하다. 긴 문제를 하나의 짧막한 말로 표현할 수 있는 능력을 갖춘 것도 필요하다. 경우에 따라서는 말로만 할 것이 아니라, 기호나 그림을 이용해서 전원에게 보여주는 것과 같은 유머와 재치가 있었으면 더욱 좋겠다. 이 브레인스토밍은 상품 개발, 선전 회의 등에 적합하다.

버즈 세션(Buzz Session)이란 무엇인가

　패널(panel)식 토론은 회의장이나 토의 내용에 대해서 아무리 연구를 가하더라도 그 본질은 질의응답의 형식에서 벗어날 수 없으며, 발언도 일부에 한정하는 흠이 있다. 따라서 패널 식에서는 인원수가 많으면 많을수록 그와 같은 경향이 커지며, 좋은 의견을 많은 사람으로부터 듣기가 어렵게 된다.

　이것은 사회자가 아무리 노력하더라도 해결될 수 없는 문제이다. 그리고 만약 주제가 거리가 먼 것이거나 전체의 흐름이 지루하면 청중은 문제에 대한 자발성을 잃게 되어 관심도 저하된다. 그래서 이와 같은 불합리와 곤란을 없애고, 모든 사람으로 하여금 회의에 참가시키고자 생각해 낸 것이 버즈 세션이다.

준비와 형식은 다음과 같다.

　1. 인원수가 많은 경우, 전원이 발언하기가 불가능하게 되므로 적은 인원수의 그룹으로 나누어 토의하는 형식을 취한다. 이 그룹은 7인 안팎이 적당하다.

　2. 작은 그룹이 구성되면 그 중에서 사회자와 기록원을 정하고, 미리 정한 토의시간을 100% 살려 토의를 행한다.

　3. 작은 그룹으로 나눌 때 시간이 걸리지 않도록 사무적으로 능률

있게 처리한다.

 4. 작은 그룹이 토론하기 쉬운 자리 배치를 연구한다. 이를테면 그림과 같이 처음에 A열과 B열이 화살표의 방향을 향해 있었다고 하자. 버즈 세션에 들어가면 A열은 점선의 화살표 방향으로 돌아앉게 해서 마주 보는 방법을 취하는 것과 같다.

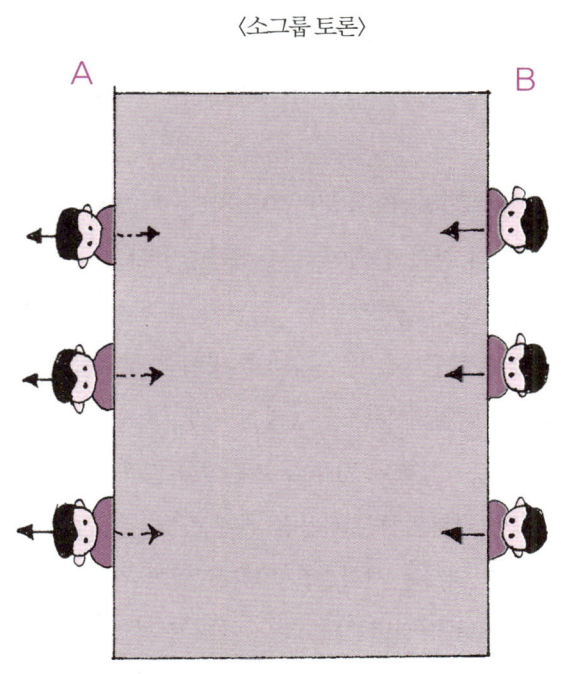

〈소그룹 토론〉

5. 작은 그룹들은 각각 같은 주제를 바탕으로 토의한다.
6. 작은 그룹에서 초면의 경우는 자기소개를 한다.
7. 사회자와 기록원을 호선하고 토의에 들어간다. 그리고 사회자는 시계, 기록원은 필기 용구의 준비를 잊지 않도록 한다.
8. 전체를 종합 정리하는 것은 사회자가 하는 것이 통례이고, 전원에게 보고하는 역할도 한다.
9. 작은 그룹의 사회자는 일을 명쾌하게 추진하는데 적합한 사람을 고르도록 유의한다.
10. 어떤 경우에도 그러하듯이, 보드나 전체 회의용을 위한 마이크 등 회의에 필요한 준비물은 잊지 않도록 한다.

　버즈 세션의 목적은 전원이 의견을 제출하는데 있다. 작은 그룹으로 나눔으로써 아무리 참가 인원이 많더라도 발언이 가능하게 된다. 다음으로 집단 사고를 가능하게 한다. 전원의 참가는 다른 방식의 질의 응답 등에서 흔히 있을 수 있는 과녁을 벗어난 토의를 없애고, 많은 인원이 참가하는 회의의 특색인 경청 일변도, 소수의 중심자적 존재를 없게 할 수 있다. 그 위에 거부와 무관심을 없게 하고, 참가자들을 활동적이게 하며, 적극화하는 작용을 가지고 있다.
　작은 그룹의 토의에서는 사람들의 마음을 열어 친근감이 높아져 그 효과는 크다. 그러나 장점만 가진 것도 아니고 버즈 세션에는 다음과 같은 난점도 있다는 것을 알아두어야 할 것이다.
　첫째, 많은 의제를 진행시킬 수 없는 일이다. 버즈 방식은 분할 토의나 통합 토의의 과정을 밟음으로써 비로소 최종적 집단결정에 도달하게 되는 것이기 때문에, 한꺼번에 두 개 이상의 의제는 채택하기 어렵다. 더욱이 시간적 제약이 있기 때문에 의제에 있어서도 이 방식에 알맞은 간명한 것이 요구된다.

그와 같은 견지에서 복잡하거나 많은 자료나 전문적 지식을 필요로 하는 의제는 맞지 않다. 또한 전원의 지식의 수준이 같지 않으면 토론이 되지 않기 때문에 분할 토의에 들어가기 전에는 정보 전달이나 강연을 필요로 하고, 끝나고 나서도 전체 토의가 필요하다. 이와 같은 사전 사후의 작업이 없으면 버즈 방식의 효과는 기대될 수 없다. 이 방식에 들어맞도록 세밀하게 계획하고 지도되지 않으면 안 된다.

다음에는 각각의 작은 그룹에게 다른 내용을 토의시킬 수 없다는 점도 있다.

이상에서 이 버즈 방식의 장점과 단점을 적었으나, 문제는 의제에 따라서 어떤 방식의 회의가 적합하나 하는 일이다. 이 선정이 포인트다.

필립66의 효용가치

버즈 방식과 비슷한 것으로 많은 인원수의 경우, 작은 그룹(6인 편성)으로 나누어 6분간이라고 하는 시간에 정하여 짧은 시간 내에 집중적으로 회의를 하는 방식을 필립66이라고 한다. 보통 인원이 6명이 넘으면 회의의 생산성이 떨어진다는 생각에서 이 발상이 나온 것이라 한다.

준비와 형식은 다음과 같다.
1. 각각의 작은 그룹은 6인 중에서 사회자를 정한다.
2. 6인이 모일 수 있는 자리를 배치한다.
3. 66방식의 룰을 전원에게 설명한다.
4. 시계나 벨 또는 탁상 종을 준비한다.
5. 정리된 의견의 발표자와 기록을 맡을 사람을 정한다.
6. 주제는 하나로 압축한다.
7. 나온 의견은 계속 조목조목 기록한다.
8. 선택된 결론을 발표한다.

이상의 흐름으로서는 버즈 세션과 아주 비슷하나, 6분간이란 토의 시간을 정한 데에 특징이 있다.

패널 디스커션(Panel Discussion)이란 무엇인가

패널러에 의한 밀도 높은 좌담 회의이다. 많은 사람이 전원 토의하는 대신, 몇 사람의 멤버를 선정하여 그 멤버 사이에서 자유롭게 토론하도록 하는 형식이다. 그러므로 청중이 지나치게 토론에 끼어드는 것은 바람직하지 못하다.

준비와 형식은 다음과 같다.

1. 사회자를 준비한다.
2. 패널러를 선정한다.
3. 패널러의 제한 시간(특히 최초의)을 정해 둔다.
4. 패널러의 선정을 어떻게 할 것인지 잘 생각한다. 전원의 대표로서의 의견을, 그 입장에서 발언할 수 있는 사람을 골라야 한다. 한결같이 같은 의견이고 같은 입장이어서는 패널 디스커션은 의의를 상실한다.
5. 시계, 보드, 기록, 명찰 등을 준비한다.
6. 패널러의 인원수는 시간에 따라 다르겠지만 대개 4명에서 8명쯤으로 한다. 너무 많으면 토론할 시간이 없어진다.
7. 패널러끼리의 의견 교환을 사전에 잘 해 두도록 한다. 그리고 이 협의에는 사회자도 출석한다.

8. 사회자는 사전에 패널러에 대하여 자기의 생각을 잘 전해줌과 동시에, 그 회의는 어떤 목적으로 열리며, 어떠한 방향으로 가져가는가 하는 것도 분명히 해 둔다.

9. 사회자는 시간의 배분을 잘 검토해서, 그것을 패널러와 청중에게 알려 준다.

10. 패널러는 간결하고 알기 쉽게 그리고 짧은 시간에 의견을 말하도록 한다.

11. 청중과의 의견 교환은 참가 의식을 높이고 일체감을 자아내는 것이지만, 그 취급은 정도를 넘지 않도록 사회자는 주의한다.

형식으로서는 먼저 사회자가 등장해서

(A) 인사

(B) 사회자로서 주제의 설명과 도입을 위한 의견 발표를 행한다.

(C) 패널러의 소개와 자기소개

(D) 패널러 각자의 대충의 의견 발표

(E) 패널러끼리의 토의

(F) 사회자는 그것을 묶어서 정리한다.

(G) (D), (E), (F)를 되풀이하는 수도 있다.

(H) 결론에 대하여 청중으로부터 발언이 있는 경우, 발언자에게 성명, 입장, 소속 단체 등을 밝히도록 한다.

패널러에게 대해 질문이 있을 경우는 패널러로 하여금 지명하도록 한다.

심포지움의 개최법

심포지움의 어원은 그리스어라고 말해지며, 친한 사람끼리 아늑한 분위기 속에서 식사를 한다는 뜻이라고 한다. 심포지움의 개최법은 하나의 큰 주제를 중심으로, 많은 보고자에 의해서 각각의 입장에서 관련된 일들이 강연 형식으로 말해지는 방식이다. 보고 강연자의 발표 시간은 경우에 따라서는 제한된다.

이 방식의 특징은 활발한 토론이 없는 일이다. 그리고 여러 입장에서 하나의 주제에 관해서 말해지기 때문에 문제가 뚜렷이 나타난다. 토론은 행해지지 않으나, 각 보고자에 대한 질문은 허용된다. 그리고 보고 강연자는 그 주제에 관한 전문가일 것이 요구된다. 이 형식의 회의는 학술회의 등 전문적인 사람들의 모임에 적합하기 때문이다. 따라서 청중도 전문가가 되는 것이다. 시간에 관해서는 여러 가지 견해가 있으나, 각 강연자의 시간이 너무 길면 이는 강연회가 되고 말기 때문에, 보고 강연자의 인원수와 시간의 할당에 대해서 충분한 배려가 필요하다. 청중은 여러 사람으로부터 전문적인 이야기를 듣고 싶어 하고 있다는 사실도 알아 두어야 한다.

심포지움으로 보다 더 효율적으로 밀도 높은 것으로 하기 위해, 사전에 문서로 참가자의 질문이나 의견을 받아 두는 것도 하나의 방법이다. 그러나 이것은 보고될 주제에 관련한 것이 아니면 의미가 없다. 이와 같은 사전 준비가 되어 있으면, 보고 강연자는 질문이나 의견에 입각해서 강연을 해 나아갈 수 있기 때문에 낭비도 적고, 강연하는 입장에서도 참가자가 어떠한 것을 바라고 생각하고 있는가를 알게 되어 유익하다. 그리고 회의장에서 그것이 행해질 때에는 사회자는 주제별, 보고 강연자별로 질문을 서둘러 정리해서 보고 강연자한테 전하지 않으면 안 된다.

준비와 형식은 다음과 같다.

1. 사회자를 정한다.
2. 보고 강연자를 고른다.
3. 보고 강연자의 제한시간, 차례, 주제를 미리 정하여 청중에게 알린다.
4. 보고 강연 내용은 문서로 되어 있으면 한층 밀도 높은 것이 된다.
5. 질문서의 준비와 그 집계 방법, 강연자에 대한 연락 등을 생각해 둔다. 담당자도 정해둔다.
6. 시계, 보드, 기록(속기, 녹음기 등)을 준비한다.
7. 전문적 회의라고 할 수 있으므로 이 날의 자료 기록은 중요한 것이 많다. 보존하는데 유의해야 할 것이다.

공개 토론회란 무엇인가

공개토론회란 하나의 주제에 관해서 찬부 양톤의 입장에서 참가하여 공개된 장소에서 토론하는 형식이다. 이것은 각각의 입장에서 몇 명씩 대표로서 출석하도록 하는 것이 통례이다. 그리고 찬부 동수의 사람이 열석한다.

이 회의의 특징을 살펴보면 찬과 부 양쪽이 각각 자기네 입장을 지키려 하는 데서 반대를 위한 반대가 일어나기도 하고, 감정적으로 되기도 하는 흠이 있지만, 처음부터 입장이 분명하기 때문에 매우 불꽃 튀는 논쟁이 전개되기에 이른다.

다만 이 경우 결론을 하나로 집약하려 하면 무리가 생기기 쉬운데, 사회자가 어느 한쪽으로 결론을 유도하는 것은 좋지 않다. 그러므로 사회자는 양쪽의 의견을 종합해서 그 의견의 상이점, 그 의견의 근거를 밝혀 주는 것 같은 방식으로 그치는 것이 바람직하다.

준비와 형식은 다음과 같다.
1. 사회자를 고른다.
2. 찬부 각각의 입장에서 몇 사람을 선출한다.
3. 공개된 장소에서 그 대표자로 하여금 토론하게 한다.

4. 보드에 대립점과 근거 등을 열거한다.
5. 시간을 제한한다.
6. 시계나 벨 같은 것을 준비한다.
7. 사회자는 상당 수준의 지도성이 요구된다.

사회자의 역할과 중요성

사회자는 회의를 이끄는 중심 역할을 한다. 회의의 성공 여부는 이를 주체하는 사회자의 운영여부에 달렸다고 해도 과언이 아니다. 사회자가 서투르면 그 회의는 혼란을 일으키거나 활기 없는 시시한 회의가 되고 만다. 반대로 우수한 사회자를 얻은 회의는 싱싱하고 활발하며, 만사가 순조롭게 진행되어 시간가는 줄 모른다. 그 성과도 응당 전자는 없는데 비해서 후자는 수확이 크다.

이와 같이 회의의 성패를 좌우하는 것은 무어라 해도 사회자의 운영에 달렸다. 그러면 뛰어난 사회자는 어떠한 조건을 갖추고 있어야 하는가.

첫째, 무엇이라 해도 중요한 것은 사회자 자신이 그 회의에 출석하기 전에 회의를 위한 충분한 준비를 갖추었는가 아닌가에 달렸다. 그날 제출될 의제는 물론, 그것에 무슨 항목이 있고, 어떠한 흐름으로 회의가 진행될 것인가 하는 예측 정도는 머릿속에 넣어 두지 않으면 안 된다. 더욱이 오늘 상정될 하나의 의제는 대개 몇 분 정도로 심의가 끝날 것인가 하는 짐작이나, 회의 참가자의 수, 회의의 전개에 대해서도 상상이 미칠 정도로 되어있지 않으면 안 된다.

이와 같은 것을 미리 생각하고 머릿속에 새겨 드면, 막상 회의에 임하더라도 그 사회자는 이미 나름대로 마음의 준비가 되어 있으므로 조금도 당황하는 일이 없다. 회의에 들어가서도 임기응변으로 대처할 수 있고, 회의가 직면한 벽을 하나하나 제거하면서 앞으로 나아가는 일이 가능하다. 준비가 없는 사회자와의 커다란 차이가 여기서 드러나는 것이다.

회의의 사회자 곧, 의장에게는 강력한 지도력이 요구된다. 그리고 그 강력한 지도력이란 것은 다만 단순하게 회의 참가자 전원을 억지로 이끌어 간다는 것이 아니라, 그 이면에는 사회자 = 의장으로서의 인격이 반영되어 있어야 된다. 때로는 유머를 섞어가면서, 때로는 회의 참가자에게 긴장감을 주기도 하면서, 완급자재의 테크닉을 발휘할 수 있는 능력을 가지고 있는 것을 뜻한다.

전에 몇 번쯤 사회를 경험한 사람이라면 그 나름의 기술과 테크닉을 가지고 있을 것이다. 그러나 그들인들 처음부터 회의의 경험자는 아닐 것이다. 누구라도 처음에는 미경험자 혹은 아마추어이다. 능력 있는 사회자가 되기 위해서는 어느 정도의 선천적인 소질도 필요하겠지만 오히려 그것보다는 회의에 대해서 흥미를 가진다는 것이 중요하다. 회의란 것에 흥미를 가지는 것은 여러 종류의 회의에 관심을 기울이는 것이 연결되며 회의를 견문하는 것으로써 개량할 점을 찾아내고 어떻게 하면 회의를 보다 잘 진전시켜 나아갈 것인가에 대하여 연구를 계속하게 될 것이다.

이와 같은 평소의 쉬지 않는 연구, 경험의 축적이 마침내 베테랑이라고 일컬어지는 사회자를 낳고 있는 것이다.

회의란 것에 대해서 아무런 흥미도 관심도 가지지 않던 사람이, 그리고 평소에 연구나 연수를 쌓으려 하지도 않던 사람이 어떻게 훌륭한 사회자가 될 것인가? 이러한 사람은 회의의 사회자로는 부적격이다.

 ## 고정적인 회의 멘트는 외우도록 한다

어떠한 회의에 있어서도 일정한 순서와 멘트가 있다. 이처럼 고정된 말들에 의해서 회의의 도입을 돕고, 참가자의 의식을 향상시켜 충분한 만족감을 주는 것이다.

이를테면 개회할 때,

"바쁘신 중에도 이렇게 모여 주셔서 감사합니다. 그러면 지금부터 ○○회의(회의명을 말한다)를 개최합니다. 먼저 주최자로서 인사를 드립니다."

라고 하는 틀에 박힌 말은 하나의 회의의 도입을 꾀하는 말이다. 그리고 비록 그 회의 참가자가 평소에 잘 아는 사이이고 여러 차례 개최된 적이 있는 회의이더라도(이런 경우에는 그다지 딱딱한 형식적 개최 인사는 필요하지 않을지 모르나) 개회에 즈음한 일종의 감사의 표현이기도 하다. 이어서

"그러면 오늘의 의장에는 ○○씨를 선임하여 회의를 진행시키고자 합니다만 이의는 없으십니까?"

대개의 경우 주최자가 의장을 지명하는 경우에는 반대하는 참가자는 없다. 다만 주최자가 「이의는 없으십니까?」라고 묻는 것은 이것도 회의의 틀에 박힌 말이며 그렇게 함으로써 회의 참가자를 납득시키는 것이다. 선임된 의장은

"지금 의장의 지명을 받은 ○○○입니다. 매우 익숙하지 못한 사람입니다만 아무쪼록 도와주시고 협력해 주시기를 부탁드립니다."
 라고 말한다. 그러나 이 말을 생각해 보면 익숙하지 못하여 지도력이 없는 의장이라면 곤란한 일이겠지만 이것은 한 가지 겸양과 협력 요청의 정해진 문장의 틀이며 의장이 이렇게 말함으로써 회의 그 자체가 긴장미를 띄우게 된다.
 그리고 의장은 그것이 아무리 작은 회의일지라도 그 때는 공적 입장에 있는 것이므로 회의 진행 중에는 「저로서는」이라든가 「나」와 같은 개인적 표현은 하지 말아야 한다. 그와 같은 말은 오해를 부르기 쉽기 때문이다. 어떤 경우에서라도 「의장으로서는」과 같은 말을 사용해야 한다.
 그리고 회의석상에서 가장 애매한 것은 참가자끼리가 서로 어떻게 부르는가 하는 호칭의 말이다. 특히 친한 사람들만 모인 회의석상에서는 더욱 그러하다. 「A씨」라 부르는 것이 좋은지 「아무개」라고 막 불러도 무방한지 아니면 훨씬 더 적절한 존댓말이 있는지 확실히 곤란을 느낀다. 직장이나 조직이라면 「A씨」라도 부자연스럽지 않다. 임직명이 있으면 그것을 그대로 부르면 듣기가 어색하지 않다. 상사인 과장에게 「A씨」라고 하더라도 불손하지는 않지만 어딘지 모르게 어렵게 여겨진다. 반대로 상사가 부하에게 「B씨」라고 하는 것도 역시 쑥스럽다. 그래서 「A과장」, 「B계장」과 같이 임직명을 성명 밑에 붙여서 부르면 훨씬 자연스러워서 좋다. 다만 임직명이 없는 사람으로 연령도 직책도 상사보다 아래인 경우에는 「C군」이라 해도 무방할 것이다.

다음으로 회의 전체의 일체감을 고양하는 견지에서 의장을 비롯하여 회의 참가자는 항상 공통감을 불러일으키는 말, 이를테면 「우리들로서는 ……」이라든가 「모두 같이 ……」와 같은 말투로 표현하도록 주의하면 그 회의는 효과적으로 진행된다. 「나로서는 ……」이라든가 「당신은 …」과 같은 개인적인 표현도 때에 따라서는 나쁘지 않지만 「모두 같이 생각합시다.」, 「우리들은 이렇게 행동합시다.」, 「우리 의사는 이런 것이 아닐까요?」라고 표현하는 편이 회의 참가자의 마음 속에 공감을 불러일으킬 것이다.

회의는 또한 끝날 무렵이 되면 산만에 흐르기 쉽다. 이런 상황이 되면 의장은 엄연한 태도로

"이제 5분이면 끝나게 됩니다. 앞으로 한 사람만 더 의견을 듣고 회의를 끝내고자 합니다."

라고, 전원에게 시간의 관념을 암시시키는 것과 같은 표현을 시도하도록 한다. 이것은 회의가 「5분 뒤」에 끝난다는 제시인 동시에 「한 사람만 더」라고 하는 말로써 회의 전체를 매듭짓고 예정대로 회의를 끝내는 방향으로 유도하는 의장의 상투적인 말투이기도 하다.

회의에 능하게 되기 위해서는 먼저 이와 같은 일련의 틀에 박힌 말투를 몸에 익혀 터득하는 것이 바람직하다.

"오늘은 바쁘신 가운데 모여 주셔서 감사합니다. 그러면 (회의명)을 지금부터 개회합니다."

"지금부터 (회의명)를 개회합니다. 그리고 오늘 회의의 의장에는 A씨를 부탁합니다. 그럼 A씨 부탁드립니다."

"지금부터 개회합니다. 그런데 오늘의 의장으로 제가 지명 받았습니다. 익숙하지 못한 사람이지만 아무쪼록 잘 부탁드립니다."

"세계 각지에서 먼 길을 와 주셔서 감사합니다. 이 회의를 주최하는 사람으로서 충심으로 환영의 뜻을 표하는 바입니다."

"개최에 즈음하여 각국 대표단 여러분에 대하여 마음으로부터 환영의 뜻을 표합니다. 그리고 오늘의 회의를 위해서 임석해 주신 내빈을 비롯하여, 준비를 맡아 주신 여러분에게 감사와 경의를 표합니다."

"본 회의의 개최지로 한국을 선택해 주신 것은 우리들로서 크나큰 영광으로 생각하는 바입니다. 이 회의를 통하여 한층 국제적 이해가 심화되는 것을 기대함과 동시에 충분한 토의가 행해짐으로써 앞으로의 발전에 기여하게 되기를 간절히 바랍니다."

의장으로서는

"여러분 착석해 주십시오. 정각이 되었기 때문에 지금부터 개회합니다."

"(회의명)을 개회합니다. 저는 A입니다. 의장의 지명을 받았으므로 지금부터 의장을 맡고자 합니다. 아무쪼록 잘 부탁드립니다."

"지금 의장의 지명을 받은 A입니다. 익숙하지 못한 사람입니다만 여러분의 협력을 얻어 이 중책을 수행하려 합니다. 아무쪼록 잘 부탁합니다."

회의의 목적을 제시할 때는,

"지금부터 (회의명)를 개회합니다. 본 회의는 명년도의 사업 계획을 결정하고 그에 수반하는 예산을 심의하는 회의입니다."

정족수의 확인과 서기의 지명
"개회에 앞서 정족수의 조사를 합니다."
"개회에 앞서 정족수를 확인한바 과반수의 출석이 있으므로 본 회의는 성립되어 있습니다."
"본 회의의 정족수는 과반수입니다. 그러면 서기 쪽에서 정족수를 확인해 주기 바랍니다."
"오늘의 서기(의사록 작성자)에 A씨를 지명합니다. 이의 없으십니까?"

회의의 의제와 진행에 관한 설명
"오늘 회의의 의제는 일호의안에서부터 오호 의안까지 있습니다."
"오늘의 의제는 다섯 가지가 있으며 맨 처음에 H에 관해서 토의합니다. 두 번째로 G을 ……(의제 다섯 개를 말한다)"
"오늘의 주제는 D에 관해서입니다. 진행 방법은 먼저 주제에 관해서 A씨가 설명해 주시기 바랍니다. 다음에 질문을 받고 그 뒤에 의견을 교환해 주셨으면 합니다."
"제1호 의안 H에 관해서 심의를 시작합니다. 심의에 앞서 입니다. 진행 방법은 먼저 주제에 관해서 A씨께서 먼저 의안에 관해서 제안 이유를 설명해 주십니다. 그 뒤 토론에 들어갑니다.

의결에 관해서

"의견도 대충 다 나온 것 같으므로 의결로 옮겨 가고자 합니다. 괜찮겠습니까?"

"충분히 토의된 것으로 생각됩니다. 여기서 채결에 들어갔으면 합니다. 이의 없으십니까?"

의결의 방법에 관해서

"그러면 지금부터 표결에 들어갑니다. 찬성하실 분은 거수-또는 기립-해 주시기 바랍니다. 반대하실 분은 거수-또는 기립-해 주시기 바랍니다."

"그러면 규칙에 따라 투표에 의한 채결을 합니다. 투표해 주시기 바랍니다. 그리고 투표는 기명 또는 무기명으로 해 주시기 바랍니다."

채결의 보고

"찬성 ○○명, 반대 ○○명, 따라서 이 의안은 가결 되었습니다-부결 되었습니다-"

"투표 총수 ○○표, 유효 투표수 ○○표, 무효 투표수 ○○표, 찬성 ○○표, 반대 ○○표, 따라서 이 의안은 가결-또는 부결-되었습니다."

그리고 간단한 의사 수속 따위를 결정할 때에는

"본건에 대해서 찬성하실 분은 박수해 주시기 바랍니다. 반대하실 분은 없습니까? 반대가 없는 것 같으므로 이와 같이 결정된 것으로 합니다."

의견이나 발언을 재촉할 때
"그러면 토의에 들어갑니다. 활발한 발언을 부탁합니다."
"이 건에 대해서 여러분의 의견을 듣고자 합니다. 어느 분이든지 의견이 없으십니까?"
"발언이 없는 것 같은데, A씨, 귀하의 의견은 어떠신지요?"
"먼저 찬성하시는 분의 의견을 듣고자 합니다. 다음에 반대하시는 분의 의견을 부탁합니다."
"방금과 다른 의견을 가진 분은 없으십니까?"
"A씨, 조금 전의 B씨의 의견에 대해서 귀하는 어떻게 생각하십니까? 의견을 말씀해 주시기 바랍니다."
"그러면 여기서 C씨의 의견을 들어 보도록 합시다."
"찬성 의견-또는 반대 의견-이 계속된 것 같은데 여기서 반대 의견-또는 찬성 의견-을 들려주시기 바랍니다."

주의를 환기시킬 때
"귀하의 의견은 다소 본제와는 거리가 있는 듯 생각됩니다."
"이 정도로 하고 본제로 돌아갔으면 합니다."

"좀 더 구체적으로 말씀해 주시기 바랍니다."

"발언은 조금 더 짧고 간결하게 해 주시기 바랍니다."

"방금 발언하신 의견은 본제와 어떠한 관계가 있습니까?"

"그 의견은 본제보다는 다음 의제와 관계가 있는 듯 생각되므로 뒤로 미루어 주시기 바랍니다."

회의를 중단할 때

"몇 시간 동안 회의가 계속되었기 때문에 30분 정도 휴회하고자 합니다."

"회의가 조금 혼선을 일으키는 듯 하므로 잠시 휴회하고 나서 매듭을 지었으면 합니다. 그러면 10분간 휴회합니다."

"제안자인 A씨가 만부득이한 사정으로 10분 정도 퇴석합니다. 따라서 그 동안 휴회합니다."

동의 제출의 방법과 지지

"의장! ○○○○○라는 동의를 제출합니다."

"의장! 의사 진행에 관해서 동의!"

"저는 본건에 관해서 ○○○○라고 수정하도록 동의합니다."

"의장, 긴급동의!"

"의장, 동의! 저는 본건에 관해서 다음과 같이 등의합니다."

"의장! 이 동의를 지지합니다."

"의장! 본건에 관하여 동의할 생각이 있습니다마는……"

마무리

"여러 가지 의견이 나온 것을 종합해 보면 ○○○○○와 같이 됩니다만……"

"오늘의 회의에서 결정된 사항은 다음과 같은 것입니다. 그리고 실시에 관해서는 즉시 담당 부서에 연락할 생각입니다."

"아직도 경청할 의견이 남은 듯 합니다만 시간이 되었기 때문에 오늘은 이로써 폐회하고자 합니다."

제4장
난제의 해결 어떻게 할 것인가

난제의 해결방법

수많은 의제는 다수의 회의 참가자가 충분히 토의해서 처리해가는데 어려움을 준다. 이는 시간적 조건 제약으로 인한 능률성 저하로 이어질 수 있기 때문이다. 그렇다면 한정된 시간 내에 어떻게 효과적으로 또한 회의 참가자가 만족할 수 있도록 회의를 진행해 갈 수 있을까.

이를테면 회의 참가자는 50명, 상정된 의제가 20항목, 회의의 소요 시간은 60분이라고 하자. 이 경우 참가자 전원에게 1분간씩 발언을 허용한다 하더라도 소요 시간 내에 한 개의 의제를 소화시키기가 빠듯하다. 나머지 19의제는 어떻게 하면 좋을까―.

불가능하다. 그러면 어떻게 할 것인가.

먼저, 회의라는 것은 「일사 일심의」가 원칙이므로 한꺼번에 많은 의제를 채택하는 것은 실없이 혼란만을 초래할 뿐만 아니라 실패에 그치고 만다.

여기서는 한 번 대담하게 20개 항목의 의제를 한꺼번에 채택해 보는 시도는 어떠할까. 곧 20의제를 먼저 참가자 전원에게 제시하고 그 중에서 몇 개의 의제에 관해서 특히 의견이 있는 사람은 없는가 묻는다. 그리고 의견이 있는 경우의 발언은 한 사람에게 30초 정도로 제한하고 발언자도 10명 정도로 압축한다.

이렇게 말하면 어딘지 모르게 두서없이 바쁜 회의인 것 같은 생각이 들지만 의외로 그렇지만은 않다. 대체로 사람의 생각이라는 것은 서로 비슷한 것이다. 그 한정된 발언자가 말하는 의견은 아마도 50명이 생각하고 있는 것과 크게 다르지 않을 것이고 그 속에 집약되어 있으리라 생각해도 무방할 것이다. 이와 같이 생각하는 것은 발언하지 아니하는 회의참가자도 그 10명의 발언자에 의해서 대변되고 있다고 보는 까닭이다.

 이와 같이 깔끔한 조치를 취한 뒤 다시 처음으로 돌아가서 1개 의제씩 처리해 나간다. 이 때부터는 1개 의제에 대한 찬부는 한 사람씩으로 제한해 두고 찬부 의견의 발표가 끝나면 즉시 채결에 들어간다는 요령을 익혀두자.

 이와 같은 회의 방법의 목표는 회의 참가자 전원에게 발언을 허용하는 것이 시간적으로 곤란한 경우에 회의 참가자들의 생각을 한정된 발언자에 의해서 대행 혹은 대변시킴으로써 집약해 가는 데 있다. 그 결과는 비록 발언하지 못한 참가자도 자기의 의견은 일단 반영되었다는 만족감을 가지게 되어 소위 「만족한 회의」가 되는 것이다.

 단, 이와 같은 수단을 택할 경우는 의장의 강력한 지도력이 요구된다는 것은 두 말할 것 없다.

시간 배율의 효율성

회의에 주어진 시간은 무한대로 주어지지 않는다. 결론 도출과 목표 설정을 하는 데 정해진 시간이 있고 이를 안배해서 회의를 진행하게 된다.

예를 들어 60분 동안에 20의제를 처리하자면 1개 의제의 소요 시간은 불과 3분이다. 그러므로 3분이 경과하면 즉시 채결에 들어가는 방법이 그것이다.

그러나 회의와 시간의 관계는 이와 같은 진행상의 문제도 문제려니와 동시에 「회의의 소집 시간」과도 깊은 관계가 있다는 것을 알아 두어야 한다.

회의의 소집 시간은 그 회의의 형태에 따라 달라지는 것은 당연하다. 사람들이 모이기 쉬운 시간, 모이기 힘든 시간에 따라 달라진다.

가정주부의 참가가 많은 회합인 경우, 오후 5시 이후의 소집이 되어서는 일단은 참가자가 적다고 보아야 한다. 이 시간은 주부에게 있어서 하루 중에서 가장 바쁜 시간이기 때문이다. 남편을 맞이하고 가족의 저녁 식사 준비에 쫓기는 등 주부로서 하지 않으면 안 될 일이 산더미처럼 쌓여 회합 같은 것은 문제도 되지 않는다.

그리고 점심을 마치고 오후 1시에 소집하는 회의도 자주 볼 수 있는데, 이것도 생각밖에 소집률이 나빠, 회의 시작시간이 늦어지기 일쑤이다. 점심시간이 늦어졌다는 이유도 있겠으나 그것보다는 오전 중의 일을 어느 정도 마무리 하고 나서려고 하는 심리가 작용하기 때문에 식사 후 조금 더 일을 하고 회의에 달려오는 경우가 많기 때문이다.

 직장인을 소집하는 경우에는 오후 1시부터로 하는 것보다는 오후 1시 30분부터라든가, 껑충 뛰어 오후 3시부터로 하는 편이 보다 모이기 쉽다.

 다음에는 회의 자체의 시간도 생각해 둘 필요가 있다. 60분이 적당한가, 90분 또는 120분이 필요한가를 생각하는 일이다. 소요 시간이 길면 길수록 보다 멋있는 결론을 내리라고 생각하는 것은 잘못이다.

 회의의 만족도와 결론 같은 것은 시간이 긴 것과는 아무런 관계가 없다. 특수한 회의 이외에 나오는 결론은 대개 예상할 수 있으며 시간의 길이에 관계없이 결론은 도출되어 나오는 법이다. 오히려 완만한 흐름의 회의보다는 짧은 시간에 집중적으로 토의되는 회의의 편이 좋은 결론이 나오는 경우가 많다.

 수많은 의제를 단시간에 집중적으로 처리하는 회의에서는 다음과 같이 시간을 안배해 놓고 회의를 진행하는 것도 한 가지 방법이다.

 이를테면 20의제가 상정된 회의라고 하자. 주어진 시간이 60분이라면 먼저 그 회의를 둘로 나눈다. 곧 PART 1과 FART 2로 갈라 버린다. 그리고 PART 1의 소요시간을 20분으로 하고, PART 2의 소요시간은 30분으로 한다. 남은 10분감은 PART 1과 PART 2 사이의 휴게 시간으로 확보 해 둔다.

 그래서 먼저 PART 1의 회의에서 20의제의 전부를 채택해서「자유

토론 시간」으로 한다. 이 경우 의제의 수가 너무 많기 때문에 충분한 토론이 이루어질 수 없는 부분도 있겠으나 아무튼 20분의 시간 내에 여러 가지 의견 교환을 행하게 한다.

그리고 10분간의 휴게-. 이 휴게가 중대한 의미를 지니고 있는 것이다. 곧 이 휴게 시간 동안에 PART 1에서 교환된 의견을 회의 참가자 전원이 각자 자기 마음속에서 되새겨 의제에 대한 자기 나름대로의 견해를 정리하도록 하는 것이다.

PART 2에 들어가면 회의 참가자가 휴게 시간 중에 정리한 견해를 집약하는 형식으로 채결이라는 방법에 의해서 이 20의제를 차례로 처리해 가는 것이다.

이 테크닉에 있어서는 시간이 60분으로 한정되어 있으면서도 10분간의 휴게 시간까지 마련된다. 실질적으로는 50분간의 회의임에도 불구하고 휴게를 묘하게 살린 효과 있는 실천적 회의법이라고 말할 수 있다.

회의에서 소화하는 이상적인 시간은 몇 시간 정도일까. 회의의 내용 여하에 따라 다를 수 있기 때문에 한 마디로 단정하기는 어렵지만 60

분에서 90분, 조금 길어지더라도 120분 정도가 적당한 시간이다. 이것은 사람이 일정한 자세로 한 가지의 일에 대해 견딜 수 있는 허용 시간이다. 아무리 좋은 이야기이고 매력적인 강사라도 세 시간이나 네 시간이 되면 지루하다. 그래서 소요 시간은 2시간을 한도로 한 선에서 생각해 보는 것이 좋겠다.

휴식의 효과

회의 중에「휴식」는 한 모금의 청량제와 같다. 적절한 휴게는 일의 능률성을 올릴 뿐만 아니라 진행의 활력소가 될 것이다. 그렇다면 휴게의 적절한 타이밍은 언제일까.

1. 의사 진행이나 운영 방법에 관해서 문제가 생겼을 경우

의제에 직접 관계는 없으나 회의 운영상의 일에 관해서 문제가 생겼을 경우, 이것을 그냥 내버려 두면 회의의 주제에서 벗어나고 만다. 이럴 때 휴식에 들어가서 비공식으로 의견을 나누는 것은 재회에 들어간 뒤 회의를 원만하게 진행시키는 전기가 된다.

2. 참가자가 감정적이 되거나 졸기 시작할 경우

참가자가 냉정을 잃고 감정적인 언론이 전체를 지배할 것 같은 기미가 엿보일 때 휴식에 들어가면 감정을 진정시키는 효과가 있다. 사람은 환경이나 분위기가 바뀌면 마음의 움직임도 달라지는 것이다. 졸음의 경우도 마찬가지여서 기분을 새롭게 해서 다시 회의에 임하도록 하는 것이 좋다.

3. 커피 타임 · 식사 시간

「배가 고파서는 전쟁을 할 수 없다」라는 말처럼 배가 고플 때에는 마음이 안정되지 않는 법이다. 감정적이 되는 것은 대개 이와 같은 공복 시이다. 회의 중에 마실 물 이외의 것을 내는 것은 집중력을 분산시킨다. 그러므로 커피나 주스를 낼 때는 잠시 휴회하고 내는 편이 좋다.

4. 회의 중 정족수가 부족한 경우

회의 중에 정족수가 부족하다 하더라도 유회시키지 말고 잠시 휴회했다가 그 사이에 참가 예정자에게 출석을 권하는 것도 하나의 방법이다.

5. 회의가 3시간을 초과한 경우

인간의 집중력에는 한도가 있다. 보통 60분내에서 90분, 길어서 120분이지만 이 한계를 넘으면 눈에 띄게 피로해진다. 그러므로 180분이란 이 한계를 넘으면 눈에 띄게 피로해 온다.

6. 회의 중 해결하기 어려운 문제가 발생한 경우

사소한 말이나 표현에 대해서 합의를 얻는 경우에는 회의라고 하는 공식의 장소에서는 해결이 나지 않으나 휴회하여 딱딱한 분위기에서 풀려나면 의외로 쉽게 해결된다. 사람은 마음을 벗기면 공통의 광장이 발견되는 것이다.

얼리 어답터(early adopter)가 되자

 사람의 기억력이나 상상력이란 것은 따지고 보면 그다지 믿을 것이 못된다. 기억력이 뛰어났다거나 상상력이 풍부하다고 하더라도 컴퓨터 같은 기계에 비교하면 훨씬 뒤떨어진다. 그래서 이 막연한 기억력이나 상상력을 보다 명확하게 해두기 위해서는 시청각, 특히 시각에 호소하는 회의법이 매우 효과적이다.
 아무리 숫자에 강하다는 사람이라도 구두에 의한 숫자의 나열에 봉착하면 그 순간 혼란에 빠지고 말아 깊이 이해하기가 어렵게 된다. 그리고 아무리 상상력이 풍부하게 설명을 잘 해도 어떤 사물을 표현할 때 말로 세밀하게 말하는 것보다는 도표나 그래프를 사용해서 보다 구상화해서 설명하는 편이 훨씬 이해되기 쉽다.
 최근의 회의에서는 그런 의미에서 시청각에 호소하는 기기를 도입하는 것이 불가결한 일로 되어 있다. 그러나 무엇이라 해도 상대는 기계이다. 회의에 이 시청각 기기를 도입하는 경우에는 충분히 준비할 필요가 있다.
 이런 실례가 있다.
 어떤 회의의 전단에서 슬라이드를 사용하면서 설명이 행해졌다. 다음 단계에서는 그 슬라이드에 바탕을 둔 토론이 전개될 예정이 되어 있었는데 슬라이드 영사가 시작하자마자 두 가지 사고가 발생했다.

하나는 슬라이드 필름의 삽입이 잘못 되었기 때문에 100매 이상이나 되는 슬라이드를 모조리 그 장소에서 당황하여 다시 끼워 넣는 사태가 벌여졌다. 최신의 회의법이라고 잔뜩 기대에 부풀었던 참가자들은 이 출발 지점에서 흥이 깨어지고 말아 모든 사람이 뜻밖이라는 표정이 되고 말았다.

 그런대로 슬라이드를 고쳐 끼워 다시 영사가 시작되었는데 2~3분 투영된 때, 이번에는 전구가 끊어지고 말았다. 예비 된 전구라도 있었다면 별 지장이 없었겠는데 그 준비가 없었기 때문에 주최자가 전구를 사러 간다는 사태가 벌어졌다. 이러한 사고의 연발로 개회로부터 30분 이상이 경과했기 때문에 실질적인 설명을 들은 것은 불과 몇 분이라는 한심한 꼴이 되었다.

 결과적으로 큰 실패로 끝난 것이지만 이와 같은 뜻하지 아니한 사고는 기계를 다루는 경우, 미리 예측하지 않으면 안 되는 일이다. 최신의 설비를 채용하는 일은 확실히 앞선 회의이고 환영할 만한 일이지만 이것을 다루기 위한 만반의 준비가 갖추어져 있지 않으면 도리어 기기가 없는 편이 좋다는 결과가 되고 만다.

 최근의 시청각 기기는 기술의 급격한 진보에 따라 점점 더 고도화하고 복잡화하고 있다. 이것을 취급하는 사람이 그와 같은 기기에 잘 익숙하여 확실히 터득하고 있지 않으면 도리어 역효과를 초래하는 경우가 있다. 기기에 자신이 없으면 원시적이기는 하나 쓰기에 익숙한 보드를 사용해서 도해하거나 혹은 사전에 그림을 만들어 두었다가 회의장에 내 놓는다거나 하는 따위의 초보적인 표현 방법을 시도

하는 것이 안전하다는 것을 이해해 두어야 할 것이다.

 기기 도입에 즈음해서는 모든 불의의 사태를 예측하고 예비 전구 따위는 두세 개를 준비해 둔다든가, 정전이 되면 어떻게 한다든가, 만일의 사태를 생각해 두어야 할 것이다.

임기응변의 필요성

바쁜 사람들이 회의하면 회의 중에 내객이나 전화 호출 등등의 여러 가지 일들이 일어난다. 회의 중의 외부로부터의 간섭은 매우 성가신 일이기는 하나 긴급하게 처리 하지 않으면 안 될 경우도 있다.

이와 같은 때에는 어떻게 하는가. 먼저 내객에게는 회의 중이라는 것을 알린다. 그와 동시에 회의 중의 당사자에게도 연락한다. 연락의 방법은

「A씨, 손님입니다.」하고 회의 중인 데도 개의치 않고 큰소리로 외치는 것이 아니라 조심스레 가까이 가서 귓속말로 하든지 메모를 건네주도록 한다.

방문 받은 사람이 의장인 경우는 내객에게 잠시 기다리게 하거나 그 중요도에 따라서는 의장을 다른 사람에게 대신 맡기고 자리를 뜨도록 한다. 원칙으로서 의장이 자리를 뜨는 것은 바람직하지 못하다. 그러나 부득이한 경우는 잠시 동안 하는 수 없는 일이다. 회의에 공간이 생길 경우라면 휴회를 알리고 자리를 비우는 것도 하나의 방법이다.

중요한 내객에게 「회의 중」이라고 해서 한 시간이나 두 시간을 기다리게 하고 방문 받은 당사자에게도 연락하지 않고 내버려 두면 회사의 경우 등에서는 단골 거래처나 상담을 놓치는 것과 같다. 내객에게

곧 만나게 할 것인가, 좀 기다리게 할 것인가, 다음 날로 미루게 할 것인가 하는 것은 방문 받는 당사자의 판단에 맡기는 것이 좋은 방법이다.

자리를 뜰 때는 의장에게 이유를 말하든지 연락 메모를 보내도록 하는 것이 좋겠다.

전화를 걸었을 때 「지금 회의 중입니다.」라고 비서한테 한 마디로 거절당할 때가 있다. 이것은 전화를 건 쪽에게 있어서는 그리 유쾌한 일이 못된다. 큰 거래를 하려고 했을 경우 따위에서는 이 한 마디로 「그럼, 다른 회사로 할까…」라고 마음이 바뀌는 수도 있다. 그러므로 전화를 받은 사람은 「지금 회의 중입니다만 무슨 볼일이신지요? 바쁘시면 곧 연락을 취하겠습니다. 만약 무방하시다면 이쪽에서 전화를 드려도 좋으실 지요?」라고 하는 정도의 배려가 바람직하다.

플랫카드 같은 것에 써서 좌석 사이를 돌거나 종이에 써 붙여서 연락한다거나 해서 아무튼 회의에 지장을 주지 않는 방법을 택해서 처리해야 한다.

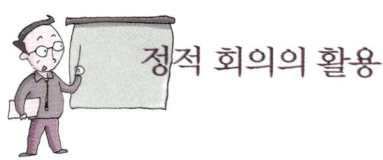

정적 회의의 활용

 사람의 사고는 동적인 상태에서 작용과 집약의 기능이 떨어진다. 전력으로 달리고 있는 주자에게는 회의에 있어서의 냉정한 결론 따위는 나올 수 없다. 곧 신체를 움직이고 있을 때에는 중요한 결정을 내리는 회의는 불가능하다는 것이다. 역시 사람의 사고는 정적 상태 속에 있을 때야말로 냉정하고 침착한 판단을 할 수 있다.

 그런데 바쁜 현대 사회의 특히 직장 같은 데서는 많은 사람이 모여 자주 회의를 연다는 것은 어렵다. 그러한 시간적인 여유를 찾아내는 것조차 곤란한 때가 있다. 직장에 따라서는 장소가 좁아서 회의장을 만들 수 없는 경우도 있다. 그래서 단시간에 효과적으로 그 위에 그다지 장소를 차지하지 않고 할 수 있는 방법이 '선 채로 회의'다. 직장에서 행해지고 있는 조회 같은 것도 이것의 일종일지 모른다.

 선 채로 하는 회의의 효용에는 다음과 같은 것이 있다.

 먼저 시간을 많이 소요하지 않는다. 「선다」는 것은 심리적으로 행동과 결부되어 있기 때문에 정과 동 중에서 동에 속한다. 또한 장시간 서 있다는 것은 육체적인 고통을 수반한다. 그러므로 사물을 되도록 단시간 내에 처리하려고 하는 심리가 작용하여 필요 없는 시간을 전원이 절약하려고 한다.

 다음은 이 방법이라면 절대로 장소를 차지하지 아니한다. 곧 손쉽게 어디서든지 언제든지 할 수 있다는 이점이 있다.

 그래서 선 채로 하는 회의의 요령인데 그것은 너무 많은 의제를 참가자에게 제시하지 않는다는 것이다. 하나나 둘, 많더라도 셋이 한정이다. 의자에 앉아서 하는 회의와는 달라서 대단히 빨리 결론을 낼 수 있다는 것을 깨닫게 될 것이다. 참가자가 의견을 말하는 시간도 앉아 있을 때와 비교해서 훨씬 짧고 찬부를 채결하는 경우에도 그 반응이 빨라진다. 따라서 그 회의 형식에 숙달하여 정례화해 가면 원활하게 많은 의제를 처리하는 것이 가능하게 된다.

 직장에 있어서의 전달회의라든가, 그날의 행동을 간결하게 정하는 회의라든가, 세일즈맨의 당일 행할 방문계획을 정하는 회의 따위, 비교적 결정 사항이 가벼운 것이 적합하다. 중요 결정 사항이 행해지는 회의라면 역시 깔끔한 회의 형식을 가진 「정적」 타입의 회의 형태가 바람직하다.

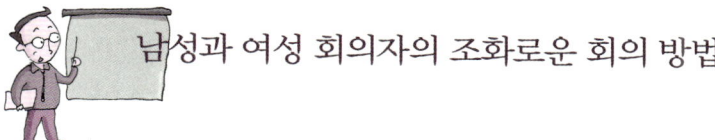
남성과 여성 회의자의 조화로운 회의 방법

　여성은 실로 델리케이트한 존재다. 일찍이 여성은 남성과 비교해서 그 지위에 큰 차이가 있었지만 지금은 동등하거나 그 이상으로 지위도 힘도 향상되었다. 현대에 이르러 차별주의가 사라지고 평등이 그 자리를 채웠지만 조심해야 할 것들이 있다.
　먼저, 회의 중에 차별 발언 및 행동을 해서는 안 된다. 대부분의 회의에서는 여성회의 참가자가 남성에 비해 그 수가 적다. 비록 여성의 참가가 적더라도 공평하게 발언하게끔 마음을 써야 한다. 발언의 내용에 관해서도 가볍게 다루지 말아야 한다. 만약 그와 같이 다루면 비굴하게 되고 말며 이것을 발전하면 그 참가 여성들이 그룹을 형성하고 마는 결과가 된다.
　사내 회의에서 흔히 볼 수 있는 풍경인데 회의 중에 여성 참가자에게 곧잘 심부름을 시키는 사람이 있다. 「물을 가져다 달라」거나 「전화를 걸어 달라」등의 발언은 여성을 참가시킨 회의가 아니며 여성 자신도 심히 의욕이 꺾이고 만다.
　여성 회의 참석자는 남성으로서는 생각이 미치지 못하는 섬세한 효용성을 갖고 있다. 여성은 꼼꼼하기 때문에 회의에서 결정된 일에 대해서는 충실할 수 있다. 남성 회의 참가자는 이성적 판단을 동원하여 회의의 객관적 결론 도출을 추진할 수 있다. 적절한 조화와 회의 진행은 두 가지의 장점을 발전시켜 성공적인 회의로 이끌 것이다. 결론적으로 여성이 섞여 있더라도 회의는 회의 규칙에 따라서 하면 되는 것이고 여성은 의견을 주고받기에 편한 분위기를 만들어 주고 주제에서 탈선하지 않도록 해 나가면 되는 것이다.

여성의 회의 진행 특징

여성은 나이의 차에 따라 생각에서 행동에 이르기까지 놀랄 정도로 다르다는 사실을 알아 두어야 한다. 그리고 기혼이나 미혼 혹은 직업에 따라서도 다름이 있다. 그리고 남성과 달라서 생리상으로 동일인이라도 감정의 기복이 그 때에 따라 다르다는 것도 특징이다.

그런데 여성만의 회의를 보고 있으면 주제와 관계없는 일, 이를테면 남의 소문이나 옆 사람과 속삭이는 말이 회의에 지장을 주고 있다는 것을 모르고 있는 것 같다. 남성만의 회의에서는 속삭이는 말이나 남의 이야기가 나오면 얼굴을 찌푸리는 사람이 많은데 여성만의 회의에서는 오히려 일종의 윤활유의 역할을 하는 듯하다. 그것은 예사로운 일로 여성의 세계에는 별도의 룰이 있는 것 같다.

남성의 경우와 달라서 여성은 형식을 갖춘 딱딱한 회의는 거북스러운 듯하다. 동네 아낙네들이 우물가에 모여서 하는 것 같은 「재잘거림」이 능수이다. 이름표가 있고 보드가 있고 이상적으로 배치된 좌석에다 자료가 풍부하게 준비되어 있다-이렇게 되면 그만 잘 되지 않는다. 이와 같은 회의에서 적극적으로 발언하고 리드해 나아가는 것은 남성적인 요소가 많은 중성적 여성이라고 보아도 틀림이 없을 것 같다. 이것은 여성은 지나치게 표면에 나타나지 않는다는 한국의 풍토 탓인지 모른다. 여성의 지위의 향상과 함께 앞으로는 여성도 회의에 익숙해질 것이 필요하다.

아직은 한국에서는 여성의 회의의 역사가 짧아서 그저 자연스럽게 이야기를 진행시키고 있는 것이 대부분이고 회의의 규칙은 모른다고 해도 과언은 아니다. 발언을 들어보아도 무엇을 말하려 하고 있는지 모를 경우가 허다하며 논지도 일관성이 없는 편이다.

순서 있게 말하는 공부도 아직 부족하고 시간관념도 희박하며 자기의 태도를 분명하게 나타내는 사람이 적어서 애매하다.

여성의 회의를 진행시키고자 할 때는 나이가 위인 사람이 의장이 되는 것이 무난하다. 자료도 숫자나 글자로 써진 것보다 도해된 것이 나은 편인 듯하다. 말씨 또한 필요 이상으로 공손하게 되기 쉬우므로 너무 긴장하지 말고 회의를 진행시킬 것이 필요하다. 주제에 관한 예비지식도 어딘지 모르게 연구가 부족하여 허술한 느낌이 있는 것 같다. 이야기의 내용이 논리적이 아니고 감각적으로 받아들이기 쉬운 것도 여기에 원인이 있는 듯하다.

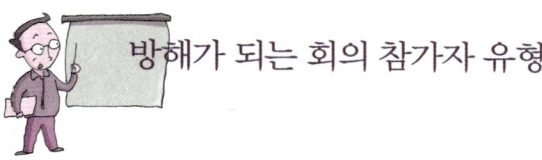
방해가 되는 회의 참가자 유형

회의 참가자의 타입은 가지각색이다. 또한 인간은 항상 변화 속에 노출되어 있는 존재로 그 타입 또한 변화될 수 있다. 그제까지 전적으로 협력적이었던 사람이 반체제 쪽으로 기울었다는 것은 가끔 볼 수 있는 현상이다. 먼저 회의 참가자들의 타입을 나누어 보자.

1. 괴팍한 타입
우선 겉보기부터 성미가 까다로운 것 같고 말붙이기가 힘든 타입이다. 팔짱을 끼고 앉아 어쩌다 눈을 뜨는 정도일 뿐 무엇을 생각하고 있는지 그 속을 알 수 없는 매우 다루기 힘든 타입이다.

2. 투쟁적이고 호전적인 타입
대수롭지 않은 일에도 발칵하여 마치 싸움터로 나가는 병사나 링에 오르는 권투 선수마냥 덤벼들 것 같은 기세의 타입이다. 때로는 주제와는 관계없이 말씨름을 거듭하여 주제에 대한 토론이라기보다는 논쟁에 취미가 있는 것 같은 사람이다.

3. 반체제 타입
어쨌든 「반」이며 현재 상태의 흐름에 따르는 것은 비 진보적이고 항상 다른 입장에 서야만 그것이 진보적이라고 생각하고 있는 타입이다. 또한 마음속에서는 「반」이 아니지만 일단 그렇게 말해보고 싶은 것 같은 타입이다.

4. 지당형
회장에게 있어서는 참으로 안성맞춤의 타입이다. 언제나 보수적이고 흐름에 거역하지 않는 사람이다. 다만 곤란한 점은 조금만 좋은 의견이 나오거나 하면 찬성의 입장이나 반대의 입장에 구별 없이 어느 쪽도 동조한다는 것이다.

5. 함구형
전혀 발언을 하지 아니하고 가만히 입을 다물고 있는 타입이다. 지명을 받아도 「별다른 의견이 없다.」든가, 「아니요, 아직은 ……」이라고 할 뿐 자기의 의사를 말로 나타내지 않는 사람이다. 이도 다루기 힘들다.
여성에게도 이와 비슷한 경향을 가진 사람이 있다. 단, 이것은 공중적, 그것도 형식을 차린 회의에 한해서이지만-말하기를 무척 좋아하지만 여러 사람 앞에서는 전혀 입을 봉한다는 속수무책이다.

6. 오불관언형
주제가 무엇이건 결론이 어떻게 나건 토론이 행해지건 아니건 전혀 관계없다는 듯이 하고 있는 타입. 이리저리 주위를 둘러보기도 하고 책상 위에서 낙서를 하기도 하는데 아무튼 이 타입의 사람은 마음이 안정되어 있지 못하다. 그리고 옆 사람과 속삭이기를 좋아한다. 회의에서 토론하기보다는 골프나 마작에 관한 이야기를 하는 편이 즐겁다는 타입이다.

7. 거물 타입

자기 현시욕이 강해서 발언 가운데서 세상에 알려진 저명인사를 친구처럼 다루어 은근히 자기의 존재를 과시하기도 하고 자기의 발언은 전체의 의견과 같다고 생각하고 있는 것 같은 사람이다.

태도도 크고 주제와 관계없이 이야기가 세계정세에 비약하거나 하는 것은 으레 이런 타입의 사람이다. 사람을 얕잡아 보는 것 같은 점도 이따금 엿볼 수 있다.

그리고 지위가 위에 있는 사람도 이와 같은 타입이 되기 쉽다. 계장 회의에 사장이 출석하든가, 과장 회의에 부장이 출석하는 것 같은 경우다. 자기의 지위를 배경으로 해서 의견을 억지로 밀어 붙이는 것 같은 일이 있으면 계장은 사장 앞에서 과장은 부장 앞에서 입에 자물쇠를 잠그지 않으면 안 된다. 이것은 회의의 죽음을 의미하며 이미 그 경우는 회의가 아니라 「주장 경청」이 되고 만다.

8. 수줍어하는 타입

자기의 주장은 가지고 있되 입을 열기가 두렵다는 타입이다. 말주변이 없는 탓도 있지만 여러 사람 앞에서 말하는 것이 거북스럽고 자기의 발언에 대해서 반대가 나오거나 쓸모없는 의견이라는 웃음을 사지나 않을까 하고 마음을 조이는 타입을 말한다.

9. 나의 길을 가는 타입

남이 무어라 하든지 내 주장은 굽히지 않는다. 또한 그것을 신념으로 삼고 미덕으로 알고 있는 것 같은 타입이다. 다른 사람의 발언 중에도 막무가내로 끼어들어 상대방의 발언 같은 것은 무시하고 일방적으로 자기주장을 편다. 딱한 것은 다수결로 결정했더라도 자기는 그런 결론에는 따를 수 없다고 고집하는 데에 있다. 이래서는 회의의 의미가 없다

10. 다변형

어떤 의제에도 즉시 뛰어들어 거침없이 의견을 펴내는 타입이다. 말이 많은 사람이므로 이야기는 재미있으나 그것이 자주 거듭되면 귀찮아진다. 또한 다른 사람이 발언할 여지가 없어진다. 그런 사람 중에는 자기 말에 자신이 취해서 강연처럼 되고 마는 수도 있다. 한 마디로 끝날 이야기에도 미사어구가 붙고 옛 역사로부터 이야기를 끄집어내는 것도 이런 타입의 몸에 밴 재주이다.

11. 박식형

백과사전으로 자처할 만큼 확실히 이 타입은 박식하다. 회의 중 잘 모른 일이 나오면 이때란 듯이 등장한다. 항상 자기가 박식하기 때문

에 질문에 대해서도 다른 사람을 대신해서 대답하는 것이 자기가 맡은 임무인 것처럼 믿고 있는 타입이다.

12. 질문 다발형

꼬치꼬치 캐묻는 질문을 퍼부어 그 과정에서 상대방의 허점을 찌르는 타입이다. 이 타입은 문제를 명확하게 하는 데는 도움이 되지만 도가 지나치면 소외당한다.

13. 게릴라 타입

게릴라의 특성이 그런 것처럼 전혀 예측도 할 수 없는 데서부터 이론을 전개하거나 질문을 하거나 때로는 남의 약점을 파고들거나 하는 타입이다. 이 타입은 주제의 토론을 하고 있는가 싶다가도 의사 진행상의 동의를 내는 등 변덕이 심하다. 회의가 유회될 것 같은 때 이 타입의 사람은 경계를 요한다. 게릴라는 상대방을 알고 의사에도 정통하여 계획적인 전술을 전개하기 때문에 열 사람의 고집불통을 상대하기보다 만만하지 않다.

 이상으로 경계를 요하는 타입을 밝혔는데 이들을 어떻게 다루느냐 하는 것이 문제다. 각각의 타입 별 전술은 뒤에서 기술하겠지만 여기서 말하고 싶은 것은 문제가 생겼을 경우, 의장이 혼자서 이에 대응하는 것이 아니고 전체의 문제로서 모든 사람에게 제시하여 생각하게 해야 할 것이다.

의장이 너무 표면에 나타나면 의장도 사람이기 때문에 감정적으로 되기도 한다. 그렇게 되면 다른 참가자는 이유 없이 의장에 대해 반발할 수 있으므로 귀찮은 타입에 대한 대항 수단으로서는 전체의 힘을 이용하는 것이 상책이다.

 그것은 양식에 호소한다는 것과 통한다. 어느 시대에도 전체적 시야라는 것은 양식을 갖추어 있을 터이다. 이를테면 반체제 타입의 사람이라도 이 양식 앞에는 굴복하지 않을 수 없을 것이며 반성하게 될 것이 틀림없다.

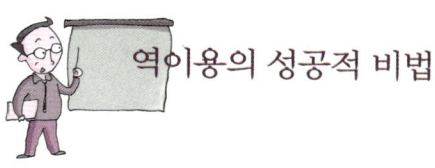

역이용의 성공적 비법

1. 괴팍한 타입

어딘지 모르게 말을 붙여 보기 힘든 이 타입에는 「일언거사」가 많은 법이다. 많은 발언은 기대할 수 없으나 토론이 백열화한 때라든가, 의견이 나오지 않을 때 등장시키기에는 안성맞춤이다.

「이제는 ○○○씨 한 마디 발언을」라고 권한다면 그때까지 전혀 발언이 없었던 때문일까, 한 마디의 발언이 크게 효험을 나타낸다. 이 사람의 존재를 의식하는 나머지 의장이 지나치게 자기를 낮추거나 비위를 맞추는 따위는 피해야 한다. 다른 회의 참가자에게 의장이 약점을 들어내는 것이 된다.

2. 투쟁적이고 호전적 타입

이 타입은 설치는 말과 비슷하여 의장에게나 회의 참가자에게 있어서 다루기가 힘든 사람이지만 원래 논쟁을 취미로 삼고 있는 데가 있으므로 어느 정도 발언을 시키고 하면 가라앉는다. 다만 주제를 벗어나서 논쟁하는 경향이 있으므로 이 점에 주의하기만 하면 된다.

좌석 배치는 의장의 정면은 피하고 의장의 좌우 또는 가장 가까운 곳으로 하는 것이 좋다. 정면이 되면 이 때란 듯 의장에게 논쟁을 걸어온다. 의장의 좌우의 자리나 가까운 곳은 여당성이라서 어쩐지 의장과 맞서는 것이 망설여진다.

또한 이 타입은 전체의 토론이 정체하는 듯한 때에 기용하면 활기를 띠는 효과를 발휘하는 것이다.

다만 이 사람에게 너무 많은 발언을 허용하고 논쟁을 계속시키면 어느 쪽이 의장인지 모르게 되므로 「적당하게」하는 것이 중요하다. 대개의 경우 이 타입은 호인인 경우가 많다.

그리고 제어하기 어려운 경우에는 의장의 권리로써 발언을 봉쇄하면 된다. 또 이것은 최후의 수단이고 처음부터 귀찮다고 단정해 놓고 발언을 막는 것을 되풀이하면 완전히 반의장이 되고 말 것이므로 주의해야 한다.

3. 반체제 타입

현재의 상태에서 「반」이며 그런 입장이 진보적이라고 생각하고 있는 사람인데 그러니 만큼 자기의 입장이 명확해지고 나면 만족하는 것이 보통이다. 그러므로 전체의 의견이 일치하는 방향으로 결정되어 갈 때 등장시키는 것이 좋다. 토론은 찬부가 있으므로 해서 꽃을 피우는 것이므로 이 사람의 존재는 겨자처럼 미각을 자극해 마무리 짓는 구실을 해준다.

4. 지당형

예스 맨(Yes Man)이기 때문에 의장에게 있어서는 편리한 존재이지만 어느 대목에서 「예스」라고 하게 할 것인지 의장은 어느 정도 계산해 두어야 한다. 그러므로 토론이 결론에 가까워질 때 발언을 시키는 것도 한 가지 방법이다.

5. 함구형

이 타입에게는 의장의 친밀감 있는 작용이 필요하다. 입이 무겁다 말주변이 없다는 등의 이유로 발언하지 않는 것이기 때문에 굳은 것을 풀어 줄 필요가 있다. 발언을 재촉해도 입이 열리지 않을 때 그 사람의 생각을 살펴서

「의장으로서 A씨의 의견을 살피건대 본건에 관해서는 찬성(또는 반대)인 것같이 생각됩니다.」라고 대신해서 의장이 갈하고 상대가 고개를 끄덕이면

「그러면 찬성(또는 반대)으로 하고 나중에 특히 보충할 의견이 있으시면 들려 주셨으면 합니다.」라고 끝맺는 것도 하나의 방법이다.

단 주의해야 할 일은 원래는 다변가인데 입을 다물고 있는 경우이다. 이것은 분명 불쾌감을 가지고 있는 것이므로 서투른 유도는 폭발현상을 일으킬지도 모를 일이니 의장은 상대방을 잘 읽지 않으면 안 된다.

6. 오불관언형

이 타입의 사람을 그냥 내버려 두면 회의가 산산조각이 되는 일이 많다. 회의에 출석하고 있어도 무관심이란 것은 옆 사람과의 속삭임으로 이어지고 이것은 곧 태풍의 눈이 된다.

속삭임은 누구에게 있어서나 유혹적이고 그 전염력은 빠르다. 그러므로 「무관심」이면 「관심」을 가지도록 의장은 그 사람에게 질문을 던

져 참가하도록 해야 한다.

사람은 흥미를 가지는 일에는 관심을 쏟는다. 의장은 그 사람의 흥미나 관심이 어디에 있는가를 재빨리 찾아내어야 한다. 눈을 바라보고 그 사람에게 말을 걸 것 같이 하면 된다. 눈을 바라보고 있다는 것이 포인트이며, 의장이 자세를 좀 앞으로 내밀 것 같이 하면 효과는 배로 늘어난다.

7. 거물 타입

「거물」은 맨 마지막으로 등장하는 것을 좋아하는 법이다. 그래서 토론이 막바지에 가까워졌을 때 「이쯤하고 ㅇㅇㅇ씨께서 한 마디의 의견을 들려 주셨으면 합니다.」라고 말한다.

이것은 상대방으로 하여금 옴짝달싹 못 하게 하는 말이다. 「이쯤 하고」라는 말에는 그만 마음이 약해지고 말 것이다.

입장으로 보아 상급자에 대해서도 회의 중은 동등하게 취급한다. 본인은 그럴 생각이더라도 다른 사람은 의식하는 것이다. 이와 같은 사람에게는 토론의 도입역이나 조언역을 맡아 주도록 하는 것이 좋다.

단 이 사람에게는 「결론」에는 언급하지 말도록 해야 한다. 입장 상 상급자의 결론은 토론의 여지를 남기지 않는 것이기 때문이다.

8. 수줍어하는 타입

마음에 불안감을 늘 가지고 있는 타입이기 때문에 자신을 가지게 해야 한다. 의장은 되도록 쉬운 문제를 던져 줌과 동시에 그 의견을 듣는 태도를 가질 것이 필요하다. 발언 내용이 가령 보잘 것 없는 것이더라도 의장이 고개를 끄덕여 귀중한 의견이란 듯 귀를 기울이면 그 사람은 거기서 자신을 얻어 다음 기회에는 정말르 귀중한 의견을 말해 줄 것이 틀림없다.

9. 나의 길을 가는 타입

천상천하 유아독존의 타입이니 두려운 것을 모르므로 다루기 힘든 타입이다. 그러므로 그 사람의 양식에 호소하는 것이 좋다. 다만 룰을 위반할 경우는 서슴없이 주의를 준다. 단 부드럽게 할 것. 이 타입의 사람은 자기가 생각하는 대로 일이 결정되지 않으면 결론이 나 있더라도 다른 기회에 다시 이 문제를 끄집어내기 때문에 그와 같은 일이 없도록 처음의 토론 중에 충분히 의견을 내놓게 해야 한다. 결론이 그 사람의 의견과 전혀 반대로 나온 경우

"일단 이와 같이 결정되었습니다만 귀하의 귀중한 의견으로 말미암아 문제점을 밝혀 낼 수 있습니다. 감사합니다. 앞으로도 아무쪼록 협력해 주시기 바랍니다."

라고 말하면 좋다. 결과적으로 당신의 의견과 반대로 되었지만 그 과정에 있어서 당신의 의견은 매우 도움이 되어 이와 같은 좋은 결론을 얻게 되었다고 표현하는 것이 좋다.

10. 다변형

다변형의 사람은 자기의 발언이 다른 사람에게 누를 끼치고 있다는 것을 모르고 있는 경우가 많다. 그러므로 그것을 바로 지적하면 창피를 주는 일이 될 것이므로 은근히 깨닫도록 하는 것이 좋다. 또한 이

야기가 끊기는 틈을 타서 다른 사람에게 발언을 시키도록 한다.

시간이 없는 경우에는 발언 시간이나 발언 횟수를 제한하면 된다.

"시간이 없으니, 1분간만 발언하도록 부탁합니다."

이같이 미리 발언 시간을 제시하면 좋다. 단 이 다변형의 사람에게만 제한을 가하면 저항이 있을 것이니 다른 발언자에게도 적용하는 것이 중요하다.

다변형의 이야기는 재미가 있기 때문에 의장과 주고받는 말에 처음은 모두 귀를 기울인다. 그러나 길어지면 다른 사람이 화를 내게 된다. 그것도 다변형의 사람에 대해서가 아니라 의장에 대해서 그렇다. 이 점을 명심해야 한다.

11. 박식형

다변형의 친척 비슷한 타입으로 회의 중에 자주 발언하려고 한다. 이를 다루는 데는 거물 타입과 마찬가지로 막바지에 가서 한 마디 하는 수법을 쓴다.

"이 문제에 관해서는 귀하의 의견을 듣기 전에 먼저 두세 분에게 묻고자 합니다. 만약 의견이 있으시면 그 뒤로 미루어 주시기 바랍니다."

이렇게 말해서 미리 발언을 막는다. 단 지나치게 이 타입의 사람을 눌러 놓으면 거부 반응을 일으켜 반의장파가 되든지 투쟁 타입이나 오불관언형이 되지 않는다고도 할 수 없으니 주의해야 한다. 요는 말하려고 하는 의욕을 어떠한 방법으로 해소시키느냐 하는 것이 문제다.

12. 질문 다발형

먼저 질문의 내용이 주제와 관련을 가지고 있는가 아닌가 잘 확인할 것이 필요하다.

또한 질문 같으면서 의견일 수 있으니 그 구별을 명확하게 해야 한다. 주제와 관계없는 질문의 경우는 나중에 밝히겠다 하고 방향을 바꾼다. 당장 대답을 낼 수 없는 경우는 나중에 서면으로 통지하겠다고 하고 그 자리는 끝낸다.

다만 방향을 바꾸는 것은 일시적으로 모면하기 위한 것이어서는 안 된다. 질문자는 이쪽이 깜빡 잊고 있더라도 기억하고 있는 법이므로, 「나중」에 라고 말한 경우는 반드시 회의 중 그 질문과 관련이 생겼을 때 밝히도록 한다. 그리고 「서면으로」라고 한 경우는 회의가 끝난 후 즉시 조치한다. 다음의 회합에서 의장 편에 설 수도 반체제 쪽으로 기울 수도 있게 된다.

13. 게릴라 타입

게릴라 타입에는 착실한 사람이 많다. 그러므로 다루기 힘들기는 다른 타입과 다름이 없으나 대화를 통한 납득의 여지도 가지고 있다. 변덕이 심하므로 그에 따라 갈만한 기민성을 의장은 가질 필요가 있다. 의장이 옴짝달싹 못하게 되어서는 게릴라의 계획이 성공한 것이다. 「공격은 최상의 방어」라는 말과 같이 의장 쪽에서 적극적으로 나아가는 것도 하나의 방법이다.

이런 형의 사람은 의사에 정통하고 있는 경우가 많으므로 의장은 잘 공부해 둘 필요가 있다. 의사에 대해서 상대방이 계획적인데 비해 의장이 무방비라면 출발부터 큰 차이가 있다. 의사에 관한 처리는 모르면 솔직하게 자기는 모른다고 말하고 부의장 또는 의사에 정통한 사람에게 물어서 처리하는 것이 좋다. 그래도 알 수 없으면 잠시 동안 의사를 중단하고 협의하는 것도 좋다. 여기서 당황해서 아무것이나 의장이 혼자서 떠맡는 것은 혼란의 불씨가 된다.

 의사에 관한 처리에 곤란을 겪을 때는 회의 참가자에게 묻는 것도 하나의 방법이고 다르게는 게릴라 타입한테 직접 당신이라면 이 경우 어떻게 하겠는가라고 묻는 것도 하나의 방법이다.

제5장
유리하게 회의를 하는 방법

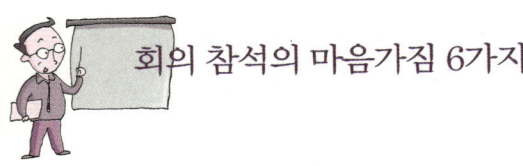 회의 참석의 마음가짐 6가지

건설적인 회의가 아니라면 회의는 그 의미가 퇴색된다. 사람과의 의견 교환과 조율이 일어나는 회의는 다툼이 일어나지 않도록 해야 한다. 이를 도울 수 있는 기본적 마음 자세를 다음과 같이 정해 볼 수 있다.

1. 감정에 치닫지 말라
화를 내면 그때부터는 의론이라기보다 말씨름이 되어 합의에 의한 결론은 얻어질 수 없다. 회의에서는 인간의 생생한 모습이 드러나기 때문에 주의해야 한다.

2. 자기의 의견을 최상이라고 생각하지 말라
실력자라고 불리는 사람이 빠지기 쉬운 상태다. 회의는 많은 사람의 지혜를 모아서 좋은 결론을 얻는 것이기 때문에 독불 장군은 좋지 않다. 상대의 의견이 옳다고 생각되면 솔직하게 인정하는 도량을 가져야 한다. 상대방이 옳다고 알고 있으면서 자기의 의견을 고집하는 것은 자기의 패배를 알면서 싸움을 거는 것과 같다. 편협해서는 안 되는 것이다.

3. 상대방을 막다른 골목으로 몰아넣지 말라

 토론이란 대화로 설득하여 자기의 주장에 동조시키는 일이다. 지위나 금전 따위를 배경으로 해서 압력을 넣는다거나 상대방을 몰아세워 우쭐하게 되거나 하는 것은 모두 반감을 사는 노릇이므로 좋지 않은 일이다.

4. 자기 자신의 의견을 말하라

 누구누구가 이렇게 말했기 때문에 라든가, 어디어디에 이렇게 쓰여 있었다든가, 자기의 의견이 아니고 다른 사람의 생각을 말하는 것은 무책임하므로 피해야 한다. 인용으로서 설득의 편법이라면 무방하나 회의는 자기 자신의 생각을 말하는 데에 의의가 있다.

5. 어려운 말은 쓰지 말라

 어려운 말을 써서 어리둥절하게 해 놓고 우쭐해 하는 사람이 있는데 이것은 결코 설득과는 무관하다. 요즘은 회의에 있어서도 유머가 요구되어 알기 쉬운 말을 좋아한다. 모나지 않고 알기 쉬운 말, 그리고 성의가 담긴 말은 그 사람의 인격을 높여 주는 일은 있어도 낮추는 일은 없다.

6. 회의의 규칙을 알아라

 회의에는 눈에 보이지 않는 룰이 있다. 발언이나 동작 모두가 예의에 벗어나지 않도록 한다. 또한 큰 회의라면 회의 규칙이 있다. 이것에 정통할 것도 필요하다.

 규칙이 없더라도 상식으로서의 룰을 분별할 것이 필요하다. 다른 사람의 발언 중에 일어서서 억지 발언을 한다거나 의장이 하는 말에 따르지 않는다거나 하는 일이 없도록 유의해야 한다.

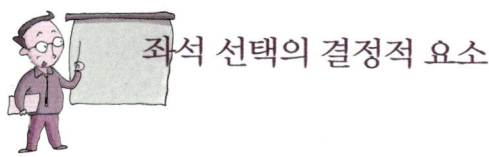
좌석 선택의 결정적 요소

회의에서 유리한 입장에 서고자 할 때는 앉는 자리에 주의해야 한다. 특히 다수의 참석자가 있는 경우 좌석은 결정적인 요소가 된다. 사람이 적은 회의는 각자가 그다지 차이는 없지만 다수가 되면 그 차이가 나타난다. 유리한 조건의 좌석 선택을 다음과 같이 고려해볼 수 있다.

1. 의장과 얼굴이 잘 마주치는 장소로서, 회의장 전체를 훑어볼 수 있는 장소

의장과 얼굴을 마주치는 것은 회의의 중심자와 잘 접촉을 가질 수 있고 주장을 펴기도 쉽다. 회의장을 훑어볼 수 있는 것은 설득에 도움이 된다. 회의장이 굴곡이 있거나 기둥이 많은 경우 이 점은 특히 유의되어야 한다.

2. 빛을 등지고, 어둔 곳을 피한다

빛을 등지는 것은 교섭 따위에서도 도움이 되는 방법으로 심리적으로 상대방은 불리한 조건에 선다. 회의장 안의 어두운 곳은 피하는 것이 좋다. 밝은 곳은 모든 사람의 주목을 모을 수 있기 때문이다. 발언에서는 목소리 뿐 아니라 모습도 영향력을 가진다. 연극배우가 무대에서 살고 죽는 것도 조명이 중요한 구실을 한다는 것에 주의하고 싶다.

3. 마이크 가까운 곳을 택한다

　다수의 참가자가 있는 회의에서는 마이크가 준비되어 있는 것이지만 전원에게 한 개씩 다 주기는 어렵기 때문에 몇 개 있는 것이 보통이다. 이 경우 마이크에서 멀리 있는 사람은 자칫 육성으로 발언하기 쉬우나 마이크 가까운 곳에 자리하면 마이크를 사용해서 발언할 수 있다. 이 차이는 권총과 대포로 전쟁하는 정도의 차이가 있다. 마이크를 사용하면 발언 내용이 전원에게 빠짐없이 들리며 큰 소리는 사람을 압도하는 위력을 가진 것이다.

4. 회의장의 중심이나, 의장에 가까운 곳

　회의장의 중심은 회의의 움직임을 잘 알 수 있다. 인간의 습성이라고 할까, 한국인의 특성이라 할까, 넓은 회의장에 사람을 입장시키면 맨 처음 사람은 한쪽 구석이나 의장석에서 떨어진 곳에 앉는 것이 보통이다. 체면 차릴 것은 없다. 유리한 자리는 이와 같이 비어 있기 때문에 당당하게 착석하는 것이 좋다. 의장에 가까운 곳도 앞에서 말한 바와 같이 유리하다.

5. 의장석의 옆 자리

　의장석의 옆은 의장의 입장에서 본다면 귀찮게 굴 타입을 앞혀 자기 편으로 끌어들이는 작용을 가지고 있으나 바꾸어 생각하면 이 자리는 전원을 한꺼번에 볼 수 있고 참가자의 입장어서 보면 상좌이므로 일종의 압력이 있는 자리이다. 전원을 설득하기에는 유리한 자리라고 말할 수 있을 것 같다. 의장의 옆 자리는 이용하기에 따라서는 의장에게도 참가자에게도 유리하게 작용하는 자리이다.

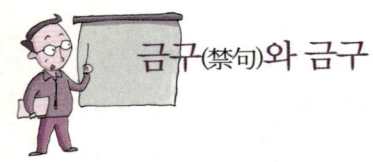
금구(禁句)와 금구

회의는 일종의 싸움이다. 의견 교환과 조율이 이루어지는 언어의 전쟁이다. 그러므로 사소한 문제라도 참가자를 흥분시킨다. '아' 다르고 '어' 다른 우리말, 사람들과의 사회성에서 비롯되는 회의에서 우리는 금구(禁句)를 금구(禁口) 해야 할 것이다.

1. "그 의견은 그다지 탐탁한 것이 못 되는 데요."
상대방의 생각을 얕보고 업신여기는 것 같은 말을 절대로 써서는 안 된다.

2. "이것은 공식적으로는 말할 수 없습니다마는 ……"
이라든가
"이것은 비밀에 속하는 일입니다마는……"
이라든가, 그럴듯하게 비밀의 냄새를 풍기면서 말하는 것은 금물이다. 특히 이것은 자기만 알고 있는 일인데 특별히 가르쳐 준다는 태도는 호감을 가질 수 없는 일이다. 그 발언자의 인격을 저하시키는 데 도움이 될 뿐이다.

3. 모두가 「씨」「부장」과 같이 적당한 존칭을 쓰고 있는데 아무리 친

한 사이에서라도 별명으로 부르는 일이 있어서는 안 된다. 또한 「어이, 아무개……」와 같이 마구잡이로 부르는 것도 물론 안 된다.

 이와 비슷한 일로 지명할 때 이름을 모른다고 해서 「거기 안경을 낀 분」이라고 부르는 것도 좋지 않다. 「안경을 끼고 넥타이가 삐뚤어진 사람」이렇게 되어서는 벌써 이야기가 안 된다. 역시 「오른쪽에서 세 번째 분」이라든가, 그에 상응한 호칭이 필요하다.

 4. 「총의가 얻어질 것 같지 않으니 의장이 적당히 결정해 주십시오.」

 이와 같은 표현은 회의를 포기하고 경시하는 것이다. 의장에게 맡길 것 이라면,

 "결론이 나오지 않을 것 같으니 이 경우는 의장에게 일임해서 그 결과에 따르고자 합니다."

 이렇게 말해야 할 것이다.

 5. "이런 것도 모릅니까?"

 이것도 서투르다. 아는 체하는 것은 상대방에게 좋은 인상을 주지 않을 뿐 아니라 만약 상대방이 그 이상으로 알고 있다면 큰 창피를 당하게 된다.

 6. "제가 말하려 하는 일에 관해서 여러분 잘 아셨습니까?"

 상급자가 하는 것 같은 말투는 벌써 회의가 아니고 명령이며 일방적

전달이다. 다른 사람에 관한 뜬소문, 주제에 관계없는 세상 돌아가는 이야기, 조리 없는 발언 등은 모두 회의를 지루하게 만들 분이다.

7. "여러분은 이만큼 말해도 이해 못하시는 것 같습니다. 방금 일이 결정된 것은 알고 있습니다만 저는 아무리 해도 찬성할 수 없기 때문에 제가 생각하는 대로 저 나름의 길을 가고자 합니다."

벌써 이렇게 되서는 민주적이니 무어니 할 겨를이 없고 회의의 금구라기보다는 파괴자이다.

의식화된 작전전개

　세일즈맨이 난공불락의 사람을 설득시켜 비싼 물건을 사도록 만드는 것도 상대방의 심리를 잘 알고 말을 주의 깊게 계산해서 하는 데서 비롯된다. 이처럼 회의에서도 어느 정도 자기의 뜻대로 진행시키거나 주의를 끌거나 하는 일은 가능하다. 그것도 의식적으로 함으로써 효과가 배증한다.

　예를 들면 채결에 관하여 하나의 문제를 찬성 쪽으로 가져가고자 하는 경우, 처음에는 반대 의견을 그리고 맨 나중에 찬성 의견을 가져가면 찬성 쪽으로 전체의 의사가 기울 가능성이 많다. 그것도 찬성자를 회의장에 골고루 앉게 하고 반대자를 한 장소에 모아 놓으면 효과는 아주 크다.

　의견을 듣는 것도 반대를 세 사람 찬성을 다섯 사람으로 했다고 하자. 어느 쪽으로 할 것인지 결정하지 못하고 있는 사람이 있는 경우, 그 대부분은 찬성으로 흘러 찬성표를 배로 늘지 할 수 있다. 눈으로 보면 회의의 분위기는 찬성이 많은 것 같이 보이기 때문에 찬성을 쟁취할 수가 있다. 회의에서 뜻하지 않던 방향으로 뒤집히거나 모든 사람이 예기하지 않은 결과가 나와 놀라는 일이 있는데 그것은 앞에서 말한 상황의 경우가 많다.

　뜨거워진 회의에서 좀처럼 결론을 낼 수 없는 경우, 잠시 휴게하는 것도 좋다. 음료수라도 마시면서 자유롭게 대화를 나누면 어떤 일정한 방향으로 나가는 공기가 나와서 재개한 뒤 빨리 결정되는 수가 있다. 국제회의나 중요한 회의에 「로비 활동」이 중시되는 것은 이 때문이다.

 자리와 사람의 배치는 회의의 결정적인 요인이 된다. 방바닥 위에 둘러앉아 대화를 나누는 경우와 국제회의장이나 호텔의 큰 회의장에서 대화를 나누는 경우는, 같은 내용의 회의라도 발언의 방법부터 어조나 의견 교환의 방법까지 달라진다. 복장도 양복에 넥타이를 착용한 것과 셔츠바람과는 자연히 회의 참가자의 마음가짐이 다르다. 그러므로 이와 같은 상황의 설정을 머릿속에 넣어 두고 그 때에 따라 활용하면 의식적인 회의도 가능하다.

 의제의 순서도 의식적으로 하는 것과 무의식과는 달라진다. 사물에는 하나의 리듬이 있어서 어려운 일이라도 한 가지가 해결되면 잇달아 처리되는 수가 많다. 간단한 의제를 먼저 하고 어려운 의제를 뒤로 돌리면 회의는 비교적 거침없이 진행된다. 처음에 어려운 문제에 부닥쳐 난산하고 나면 간단한 문제가 나중에 나오더라도 자주 걸리기 쉽다. 시간이 없게 되면 더욱 조바심이 나서 회의를 소홀하게 다루는 일도 전혀 없다 할 수 없다.

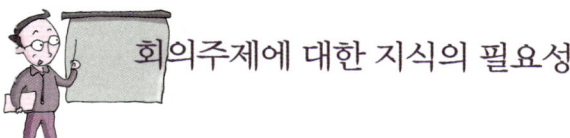
회의주제에 대한 지식의 필요성

　회의 참석 시 참여자는 자신의 입장과 위치를 확인해볼 필요가 있다. 자신에게 부여된 자격과 자신이 속한 조직, 또는 부나 과를 대표하고 있는지에 따라 역할이 달라진다.

　직장의 연락이나 조정을 위한 회의에 참석한다는 것은 각자가 소속하고 있는 부나 과를 대표하고 있으므로 개인의 입장을 떠나서 부나 과의 입장에서 생각하고 의견을 말하지 않으면 안 된다. 만약 그 대표 의식을 잊고 개인적 의견을 말하거나 하면 다른 출석자는 대표자의 의견이라고 이해할 것이기 때문이다. 그러면 나중에 중대한 책임문제가 발생하게 된다.

　다음으로 그 회의가 어떠한 목적으로 열리고 있는가, 어떠한 결론을 모든 사람에게 바라고 있는가를 파악해야 한다. 회의의 목적을 떠난 탈선 의견이나 자기의 입장을 잊은 것 같은 행위는 삼가지 않으면 안 된다. 가령 당신이 영업부원으로서 출석했다고 하자. 당신이 적극적인 부문의 모든 일에 정통하고 있을 것이 중요하다. 그렇지 않으면 영업 방면에 관해서 틀림이 없는 사실을 전원에게 전하고 적절한 판단에 근거를 둔 의견은 나오지 아니한다.

　질문을 받았을 경우에는 꼼짝없이 당하게 된다. 그러므로 회의에 출석하기 전에 충분히 조사 연구하여 문제의식을 명확하게 해 둘 것이 중요하다. 무책임한 발언이나 「조사해 보고 대답하겠습니다.」라고 하는 것이어서는 회의는 진전되지 아니하고 당신의 평가를 하락시키는 것이다.

설득의 요령

　의견교환이 이루어지는 회의는 「설득으로부터 시작한다」 해도 과언이 아니다. 토론 중이라도 설명이라면 우선적으로 발언이 허용된다. 그런데 설명에도 잘하고 잘 못하고가 있어 서투른 설명자에 걸리면 회의시간의 태반을 소비 당하고 마는 일이 없다고 할 수 없다.
　그래서 설명하는 경우 어떠한 일에 유의해야 하는가를 말해 보려고 한다.
　먼저 참가자가 주제에 관해서 같은 수준의 지식을 가지고 있느냐 아니냐 하는 점이다. 참가자의 주제에 관한 지식을 같은 수준으로 하는 것이 설명의 목적인 것이다. 다른 부서의 사람이 있는 경우라든가 통례 회의에 그날 하루만 다른 데서 출석하도록 청한 사람이 있을 때는 그 지식을 평준화시킬 것이 필요하다. 그러나 지나치게 초보적인 설명 만으로서는 이미 몇 차례 출석했거나 충분한 이해력을 가지고 있는 사람에게는 지루하기만 하다. 이 점을 설명자는 잘 생각하지 않으면 안 된다.
　만약 가능하다면 개회 전에 지식을 가지지 않은 사람만 모아서 설명회를 가지는 것도 좋을 것이다. 이 일로 말미암아 회의 중의 중복된 낭비를 덜게 된다.
　설명자가 자칫 빠지기 쉬운 결점에 자기가 너무도 그 사항에 관해서 알고 있기 때문에 설명하는 중에서 생략한다거나 전문적 용어나 지식을 마구 사용하는 일이 있다.

 인간의 이해력을 높이거나 설득에 도움이 되는 것은 구체성이란 것이다. 구체적으로 사물을 가리킨다는 방법이다. 설명에도 그 구체성을 크게 살리고 싶다. 보드의 활용, 「모든 사람에게 빠짐없이 돌아가는」 문서의 배부, 슬라이드·영화·녹음 등에 의하여 시청각에 호소하는 방법은 설명에 크게 도움이 된다. 모형이나 그래프도 좋다. 그리고 설명자는 그가 설명하고자 하는 일에 정통해 있을 것이 중요하다. 설명은 했지만 질문에 대답하지 못해서는 아무것도 아니다.

 설명의 어조는 너무 빠른 말로 하지 말 것이며 구체성을 띠고 모든 사람을 골고루 눈으로 보면서 말한다. 설명이 길어지는 경우는 잠시 중단하고 회의 참가자에게 그 때까지 설명한 것에 관해서 확인하는 질문을 하는 것도 좋다. 결론적으로 설명은 하나의 전략이다. 그러므로 사전에 충분할 정도의 준비가 되어 있지 않으면 안 된다.

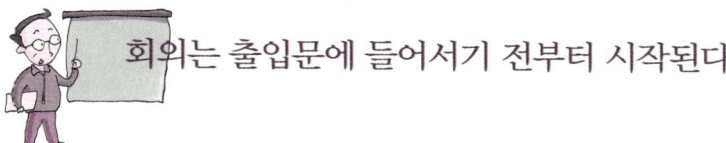
회의는 출입문에 들어서기 전부터 시작된다

회의에는 회의장에서의 회의와 회의장의 바깥, 곧 출입문 밖의 회의가 있다고 생각한다. 쉽게 말해 회의의 틈, 이를테면 휴게 시간과 같은 시간대를 말한다. 회의를 잘 하는 사람은 이 시간을 유용하게 활용한다. 회의 중은 누구나 다 의관을 반듯하게 갖추어 입은 것 같은 기분이 강하다. 그런데 출입문을 한 발자국만 밖으로 나오면 그것을 벗고 홀가분하게 된다. 이 기회에 회의 중에 일어난 어려운 문제를 가지고 영향력이 있는 사람과 비공식으로 교섭하는 것이다. 그때까지 평행선으로만 가고 있던 문제가 잠깐 동안의 휴게 시간을 이용해서 무릎을 맞대고 말을 나눈 결과 재회 후는 거침없이 원만하게 해결되었다는 예는 헤아릴 수 없이 많다.

회의 중의 발언에서는 문제에 따라서는 말할 수 있는 일과 없는 일이 있다. 말의 이면에는 뜻밖의 문제가 배경이 되어 있는 경우가 있다. 그런데 출입문 바깥에서는 비공식이기 때문에 타협도 쉽게 이루어질 수 있는 것이다. 한 나라의 외교에서도 이 출입문 밖, 곧 로비 외교라는 것이 중시되고 있다.

공개된 자리에서는 각각의 입장이 있으므로 공식 발언이 되지만 출입문 밖에서는 사람끼리의 교제가 이루어지게 되므로 흉금을 털어놓는 대화도 가능하게 될 것이다. 이 출입문 밖의 회의는 출입문 안의 회의의 윤활유 구실을 하는 것이다.

 의장은 회의가 감정적으로 되거나 좀처럼 결론이 나오지 않을 때 휴회라는 방법을 쓰는데 이것은 회의 참가자의 감정을 식히는 효과가 크지만 출입문 밖의 대화를 통한 교섭을 위한 좋은 기회도 된다. 회의에 능한 사람은 이 시간을 유익하게 이용하는 것이다.

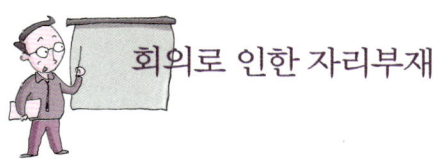
회의로 인한 자리부재

근무 시간 중에 부내 회의가 열리거나 회사를 이탈해서 회의에 출석하지 않으면 안 될 때 자기의 일을 소홀하게 하는 일이 있어서는 샐러리맨으로서 실격이다.

나가기 전에 자기가 없더라도 일에 지장이 없도록 지시해 두는 일이 첫째다. 그리고 자기는 어디 가는지를 알려 놓는다. 책임자의 입장에 있는 사람이면 더군다나 어디 가는지 몰라서는 주위 사람들이 당황하게 된다. 어떤 일이거나 자기가 하지 않으면 직성이 풀리지 않는 사람이 있는데 그것은 그런대로 일에 열성이 있어 좋기는 하나 부재 시에 일을 처리해 줄 사람을 만들어 놓지 않는다면 회사라고 하는 조직에서 일하는 사람으로서 역시 결격자라고 할 것이다. 이와 같은 대행자가 없는 경우는 첫째 권한이 이양이 되어 있지 아니하고 부하에 대한 교육이 부족하다고도 말해질 수 있다.

"바쁘다, 바빠."

"회의에 마음 놓고 나가 있을 수도 없다."

이렇게 불평하는 사람은 으레 이와 같은 타입이 많다. 듣고 있으면 영락없이 일에 얽매여 있는 것 같지만 자기의 결함을 드러내고 있는 것이다.

자리를 비우는 동안 손님이나 전화가 올 것 같은 경우는 잘 지시해

놓아야 한다. 단골거래 선이나 찾아온 사람에 대해 실례가 있어서는 회의에서 아무리 좋은 의견을 펴내어도 회사나 자신에게는 마이너스다. 만약 용건을 미리 알고 있다면 그 대답에 관해서 대행자에게 말해 두거나 메모를 남겨 자기가 없더라도 상대방에게 전해지도록 조치해 두는 마음가짐이 있어야 한다.

 회의가 끝나는 시간을 알 수 있으면 그 시간을 전해 두는 것도 편리하다. 부재 시의 조치가 되어 있지 않은 사람은 으레 회의 중에 바쁘게 드나들거나 전화통에 매달려 있거나 하기가 일쑤이다. 부하에 대한 교육이 나쁘면 더욱 심하여 회의 중에 막무가내로 불러내거나 그것도 그리 긴급을 요하는 일도 아닌데 일일이 물으러 온다. 참으로 신경이 둔하다 아니할 수 없다. 이와 같은 부하에게는 회의의 중요성을 잘 인식시켜야 한다. 귓속말도 한두 번이라면 몰라도 자주 거듭되면 회의의 집중력을 잃게 되어 좋은 일이 못 된다.

 회의에 나와 있어도 마음을 가라앉혀 차분하게 토론하고 있지 못하면 회의를 유리하게 운영할 수가 없다.

제6장
프레젠테이션에서 성공하는 말

말씨의 좋은 예와 나쁜 예

　말은 곧 사람의 인격을 나타낸다. 결국 그 사람의 평소의 마음가짐에 있다고 할 것이다. 깨끗하고 정중하고 귀에 거슬리지 않는 좋은 말은 갑자기 나오는 것이 아니다. 스스로의 말씨에 대한 주의력과 노력과 훈련과 공부에 달려 있다. 좋은 의견이라도 마구잡이로 아무렇게나 말해서 귀에 거슬리면 결코 좋은 인상을 주지 않는다.
　회의라고 해서 갑자기 형식적인 말투를 쓰면 익숙하지 못한 탓으로 어색하고 싱거운 분위기가 되고 마는 일이 흔히 있다. 보통의 회의에서는 그다지 형식을 쫓을 필요는 없다. 평소에 하는 것같이 말하되 약간의 격식을 갖추는 것이 필요하다.
　나는 아무래도 말재주가 없다고 하는 사람이 있는데 눌변이더라도 성의와 진실을 가지고 있으면 사람의 귀를 기울이게 하는 것이 가능하다. 그런데 회의 참가자를 보고 있으면 굉장하다고 여겨지는 발언을 하는 사람이 있다. 그래서 그것을 분석해 보면 다음과 같은 것을 알게 된다.
　① 발음이 명확하다.
　② 음량이 적당하고 때로 강약이 있다.
　③ 말하는 속도가 적당하다.
　④ 동음이의의 말에 대해서 반드시 알기 쉽게 주석을 붙이고 있다.

⑤ 쓰는 말이 쉽다.
⑥ 감정적이 아니다.
⑦ 「에-」라든가 「아-」라든가 「그렇지요」라는 것 같이 귀에 거슬리는 말이 적다.
⑧ 눈이나 동작이 생기가 있다.
⑨ 도에 넘치는 몸놀림은 없으나 이따금 제스처를 섞어 사람의 주의를 끈다.
⑩ 강조하고자 하는 대목은 두 번 되풀이한다.
⑪ 추근추근하지 않다.
⑫ 전체로서 간결하다.
⑬ 모든 사람의 흥미를 끄는 실례를 인용한다.
⑭ 동작에 이상한 버릇이 없다.
⑮ 말하는 순서가 잘 정리되어 있어 듣기 쉽다.

 말의 순서를 발언하기 전에 머릿속에 잘 정리해 두는 것은 중요하다. 주장하는 내용에 일관성이 없어 이 말을 했다가 저 말을 했다가 하면 참가자를 만족시킬 수 없다.

 최근의 경향으로서 영어를 곧잘 쓰는 사람이 있다. 또한 약어를 남발하는 사람도 있다. 이것은 모르는 사람에게 있어서는 무척 난처한 일이다. 외국어는 귀에 산뜻하게 들리지만 자기만족에 그칠 뿐, 의미를 모르는 말은 결코 사람을 공감시킬 수 없다. 끌불견으로 여겨지는 일이 많으므로 주의를 요한다.

# 발언 내용과 자세

잘 들어 보면 내용은 좋은데 서투른 발언이 있다. 무엇이 서투냐 하면 대체 무엇을 말하고 있는지 알 수 없다는 점이다.

말소리가 작은데다가 밑을 보고 말하기 때문에 들리지 않는다. 혼잣말 같은 것도 있다. 목소리에는 사람에 따라 크고 작음이 있으나 자세를 똑바로 하고 배에 힘을 넣지 않으면 좋은 소리는 나지 않는다. 발언할 때는 허리를 쭉 편 좋은 자세를 취해야 한다. 그리고 배에 힘을 넣어 모든 사람을 둘러보는 것 같은 마음으로 서서 정확하게 말하도록 한다. 대개의 경우 의장을 상대로 말하듯이 하지만 때로는 모든 사람을 설득시키는 것도 필요하다. 효과는 두 배 세 배로 다르다. 회의 참가자에게 동조를 구하거나 찬성을 모든 사람으로부터 얻으려고 생각하는 경우는 의장이나 맞은 편 사람만을 상대로 해서 발언하지 말아야 할 것이다.

차분하지 못한 동작도 좋지 않다. 손을 흔들흔들 한다거나 손에 쥐고 있는 서류나 연필을 만지작거리거나 하는 것은 무게 없이 보이기 일쑤다. 역시 당당한 태도가 바람직하다. 앞으로 구부리거나 책상이나 서류만 내려다보면서 말하든가, 천장만 쳐다보든가, 불안한 눈초리로 한 눈 팔거나 하는 태도는 설득력을 매우 약하게 만든다.

당당한 태도라고 해서 포켓에 손을 넣고 뒤로 젖히는 것은 좋지 않다. 거만한 태도는 반발을 살 뿐이다. 회의 중에 무엇인가를 강조하고자 하든가, 전원에게 무엇인가를 호소하려 할 때는 자연스런 자세로 일어서서 말하도록 한다. 일어선다는 동작은 발언에 박력을 준다. 앉은 채로 발언할 때도 자세는 중요하다. 턱을 괴거나 머리를 껴안는 것 같은 자세는 좋지 않다.

 말의 내용은 논리가 똑바로 서 있어야 한다. 처음과 끝이 확실하면 듣는 쪽도 알기 쉽다. 이야기가 일관성 없이 끝나고 나면 무엇을 말하려 했던 것인지 알 수 없으므로 발언의 의미가 없다. 발언의 내용이 여러 가닥일 경우는 메모를 해서 보는 것도 필요하다. 비록 내용이 여러 갈래에 걸치더라도 그 문제마다 발언하는 내용을 간결하게 나누는 것이 중요하다.

 변명조로 말을 시작하는 것도 좋지 않다. 또한 자기 혼자 재미있어 하면서 웃는 것도 호감이 가지 않아 실소를 사는 일이 있다. 존댓말도 함부로 마구 쓰지 않도록 해야 한다.

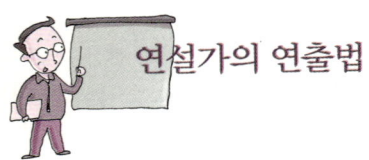
연설가의 연출법

말은 쉽게 할 수 있지만 잘하는 데에는 간단하면서도 어려운 일이 될 수 있다. 특히 여러 사람 앞에서 말을 하자면 가슴이 두근두근하고 생각의 반도 말하지 못하는 경우가 있다.

한국 사람은 옛날부터 여러 사람 앞에서 말하는 일이나 유머가 서투르다고 말해지는데 외국 사람에 비해서 치졸하다는 것은 시인하지 않을 수 없다. 그러나 외국인이라도 상기하는 것은 있는 법이어서, 그것은 결코 한국인만의 전매특허는 아니다. 어떤 파티에서 상기한 외국인을 본 적이 있다. 연설이 영어로 행해졌기 때문에 한국인의 대부분은 별로 알아차리지 못했으나 만약 그것이 한국말이었더라면 더듬더듬하는 보기에도 측은한 생각이 드는 상태였다.

그러면 연설을 잘 한다고 말해지는 사람은 무엇을 잘 하는가를 생각해 보려 한다.

첫째로 들 수 있는 것은 「듣기 쉽다」는 점이다. 이 듣기 쉽다는 것은 중요한 일이어서 아무리 변설이 시원스럽더라도 내용을 알 수 없으면 의미가 없고 내용을 알 수 있더라도 듣기 힘들면 잘 한다고는 할 수 없다. 회의에서도 연설을 잘 하는 사람은 무엇인가 사람의 귀를 기울이게 하는 것이 있다. 말에도 쓸데없는 말이 없고 짧은 말 속에 충분한 내용이 담겨져 있어 알기 쉽다. 회의 중의 발언도 이러했으면 좋겠다. 준비된 말이겠지만 그것이 부자연스럽지 않고 자기의 것으로 소화된 점에 훌륭함이 있다. 눈의 움직임, 몸놀림, 손 하나의 움직임을 보고 있으면 미리 계산된 것이 있다. 계산되었다고 하면 다분히 의도적으로 들리지만 이것이 자기의 것으로 소화되어 있지 않은 경우는 「잘 한다.」라고 말할 수는 없다. 잘 하는 사람에게 있어서는 그것은 이미 자기 자신의 일부인 것이다. 이것은 역시 경험과 연습의 산물이다.

 선천적으로 잘 하는 사람도 확실히 있기는 하나 그것은 선천적인 것에 훈련과 경험이 보태어져 있기 때문이다.

 다음에는 말에는 힘이 있다는 것을 알아 둘 일이다. 이에 관해서는 다른 항목에서 쓰겠으나 준비되고 힘이 들어 있는 말은 사람을 상하게 하고 죽일 수도 있으며 또한 반면에 사람을 움직이고 용기를 북돋우어 줄 수도 있다는 것을 알아둘 필요가 있다.

말의 힘과 미학

　간혹 한마디의 말에는 굉장한 힘을 지닌다. 말이 세계를 움직일 수도 있고 사람의 생사와 감동, 행동의 원인이 된다. 언어로 진행되는 회의는 발언에 힘이 작용한다. 부장의 말에는 그 나름의 무게가 있고 과장의 발언에는 그 나름의 무게가 있다. 그 사람의 경험, 신념이 배경에 있는 경우 같은 말을 두 사람이 쓰더라도 거기에는 가볍고 무거움이 있다. 그것은 직책이라고 하는 배경의 경우도 있을 것이고 경험이라고 하는 경우도 있을 것이다. 확고한 근거에 바탕을 둔 발언, 신념과 정의를 가진 말은 비록 중역 회의에 있어서 평사원의 발언이라도 힘을 가지는 것이다. 남녀 간의 사랑의 말도 많은 말이 필요한 것이 아니라 다만 한 마디의 말이 마음을 감동시키는 경우가 많다.
　나무아미타불이라는 말도 기도하는 마음이 담겨져 있으므로 마음의 평안을 얻을 수 있는 것이다. 준비가 없는 그 자리에서의 발언에 설득력이 없는 것은 그 말이 공허하기 때문이다. 지금부터 말하려 하는 것이 어떠한 내용을 가지고 있고 어떠한 사람이 들어 주는가, 사람을 다치게 하지는 않을까, 온당하지 못한 말은 아닌가, 가슴 속에 자문자답해 볼 일이다.
　말이 가지는 힘, 무게라고 하는 것은 그 발언하는 사람의 경험과 신념과 입장에 따른다. 고승의 한 마디가 사람을 어두운 방황에서 깨어나게 하는 것도 말이 가지는 힘의 소치일 것이다.

 그것과 관련해서 깨끗한 말과 더러운 말이 있다. 귀에 거슬리지 않는 좋은 말은 호감이 가고 더러운 말에는 반발한다. 회의 중에 유행어를 연발하는 사람이 있는데 아무도 잘났다고 생각하지 않는다. 오히려 경시 당하기 쉽다. 유머로서의 유행어는 회의의 공기를 부드럽게 하지만 남용하면 실증이 난다. 천덕스러운 말은 인격을 스스로 떨어뜨리는 것을 잊지 말아야 한다.

오해와 실수

　자신을 가지고 발언한 말이 사람으로부터 퇴짜 맞는 일이 있다. 또한 표현이 적절하지 못했기 때문에 오해를 사는 수도 있다. 이럴 때 말하면서 「아차」하면서도 자기도 모르게 체면 때문에 억지를 쓰는 것 같은 발언이 하고 싶어지는 법이다. 이것은 시궁창에 발을 들여놓은 것과 같은 노릇이다. 사람은 감정의 동물이기 때문에 자기의 잘못을 인정하면서도 상대에 따라서는 억지를 부리고 싶어지고 자설이 이론으로서 성립되지 않더라도 어떻게 해서라도 상대방의 말꼬리를 잡아 넘어뜨려 보려고 생각한다. 벌써 이래서는 토론이 아니라 입씨름이다. 그래서 「아차」라고 생각되면 솔직하게 자기의 잘못을 시인하는 태도가 필요하다. 한 가지 거짓말을 하면 그 거짓말을 정당화하기 위해서 더 큰 거짓말을 하지 않으면 안 되게 된다. 그러나 자기 스스로가 잘못을 시인하고 나면 다른 참가자는 그 이상 추궁하는 일이 없어지고 도리어 그 솔직한 태도에 호감을 가지게 되는 법이다.

　판매 회의에서 A군이 과거의 성적이나 타사와의 비교에 관해서 구체적인 숫자를 들어 거침없이 앞으로의 판매 계획에 대해서 의견을 말했다. 그런데 참가자의 한 사람이 그 숫자에 틀린 데가 있는 것을 발견하고 그것을 지적했다. A군은 어찌할 바를 몰라 했다. 옆에서 보기에도 딱한 처지가 되었다. 이것은 A군의 이론을 근본적으로 뒤집어 놓는 일이다. 그러나 A군으로서는 알고 있으면서 틀린 「숫자」를 내놓은 것은 아니다. 인쇄의 미스가 원인이 되어 이것을 검토 없이 받아들인 데에 A군의 실수가 있었던 것이다. 그래서 A군이

"지적하신 대로 이 숫자는 틀렸습니다마는 이것은 저의 책임이 아닙니다. 인쇄의 미스가 원인이니 오히려 이 자료를 만든 사람에게 책임이 있다고 생각합니다. 그러므로 틀린 것은 그대로 두고 제가 주장한 대로 판매 계획에 있어서는 이렇게 해야……"

라고 말했다 하자. 벌써 이래서는 이론이 서지 않는다. 다만 자기주장을 억지 쓰는 데 불과하다. 그보다는

"확실히 지적하신 대로 그 숫자는 틀렸습니다. 원인은 인쇄소의 미스입니다마는 잘 조사도 하지 않고 내놓은 저에게 잘못이 있기 때문에 지금의 저의 의견은 취하하고자 합니다."

라고 말했으면 한다. 이 한마디로 이 문제는 해결된다. 만약 이와 같은 A군의 발언에도 불구하고 계속 A군을 책망하는 사람이 나온다면 이번에는 그 사람이 다른 사람들로부터 비난을 받을 뿐 솔직한 A군의 태도는 더욱 돋보이게 될 것이다.

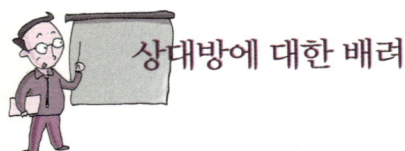

상대방에 대한 배려

 토론을 하다보면 사람은 자신의 의견과 반대편인 참여자와 충돌이 생기게 된다. 이때 사람은 상대방을 끝도 없이 몰아붙이는 경우도 있다. 그러나 그것은 결코 「이기는」것이 아니라, 「지는」것과 다를 바 없다는 것을 알아 두어야 한다. 아무리 당신의 의견이 옳고 논리적으로 보아 흠잡을 곳이 없다 하더라도 토론에서 상대방을 굴복시키고 복종시키는 것은 곤란하다. 비록 일시적으로 굴복시킬 수는 있을지 몰라도 다른 기회에 반격을 당할 것은 뻔 한 일이다.
 사람은 토론에서 졌기 때문에 굴복하는 것이 아니라 상대방의 논지가 옳다고 납득하고 이해함으로써 비로소 굴복하는 것이다. 강제로 하는 것과 자발적인 것과는 커다란 차이가 있다는 것을 알아야 한다.
 상대방을 끝까지 몰아 붙여 잡을 것이 아니라 달아나게 하는 구멍도 마련해 주어야 한다. 이 달아나게 하는 지혜는 동양적인 사고방식이라고 생각되는데 회의에서도 이 생각을 살리고 싶다. 상대방이 분명히 잘못이고 지지를 받고 있지 않다는 것을 알더라도 이것을 몰아세워서 으쓱해 할 것이 아니라 명예로운 철퇴를 하도록 해야 한다. 끝까지 몰아붙이면 상대방은 자기를 정당화하기 위해 필사적이 될 것이고 그 여파에 이쪽도 다치게 될지 모른다. 다음 기회에 만약 자기가 불리한 입장에 설 때, 상대방으로부터 총공격을 받게 될 것은 자명한 일이다. 그래서 한 곳의 달아날 구멍을 남겨 주는 것이다.

이를테면 선전 회의에서 일련의 캠페인을 벌이그자 할 때, 상대방은 PR 영화를 제작하자는 안을 좀체 철회할 것 같지가 않다. 그런데 모든 사람의 지지는 전혀 얻지 못하고 있어 대세는 TV 광고에 기울어져 있다. 그러나 말을 꺼낸 체면에 새삼 주장을 변경할 수 없는 것이 그 사람의 입장이다. 이런 때

"이 경우 PR 영화도 하나의 방법이라고 생각됩니다만 예산이나 제작기간도 있으니까, 어떻겠습니까? 한번 TV 광고를 해 보고 그 뒤에 다시 PR 영화를 재검토해 보는 것은……"

라고 말해 보면 어떠할까. 이것은 예산과 제작 기간이라는 점을 일부러 강조해 놓고 그 약점을 이용하는 논법인데 상대방은 이미 자기가 불리한 것을 알고 있는 터라 마침 잘 되었다고 하고 양해해 줄 것이 틀림없다. 그리고 한번 TV 광고를 해 보고 그 뒤에 재검토하자라고 하는 안이므로 다른 말이 나올 이유가 없다. 어느 쪽이든지 한 곳으로 결정짓고 만다는 것은 회의에서는 편리한 일이지만 일이란 그렇게 간단하지만은 않다.

그럴 때는 덮어 놓고 그 문제를 부정할 것이 아니라「시간적 여유」를 주어 후일에 검토한다든가 하는 방법을 취하는 것도 하나의 편법이다.

어떤 동의를 토론하는 일없이 무기한으로 연기하는 것도 그것과 비슷한 방법이다.「시간이 해결해 준다」라는 말이 있는데「시간적 여유」를 준다는 것도 좋은 방법이다. 그런데 몰아 붙여졌을 때 어떻게

할 것인가. 회의에 능한 사람은 이것을 거꾸로 이용해서 그 전보다 훨씬 더 신뢰를 얻는다는 방법을 취한다. 어떻게 하느냐 하면 처음에는 회의 참가자 전원을 상대로 해서 격론을 펴다가, 어느 시점에 가서 미련 없이 자기의 안을 철회한다. 그것도 포기하는 듯 하는 것이 아니라 오히려 자기의 주장이 현실과 맞지 아니하다는 점을 스스로 지적하면서 한다. 아마 반격을 가해 올 것이라고 다른 사람들은 생각하고 있는데 이렇게 나오고 마니 할 말이 없어진다.

"생각해 보니 저의 안은 조금 전까지만 해도 뛰어난 것같이 생각하고 있었습니다만 현실에 맞지 않은 점이 많이 있는 것 같습니다. 비용에 있어서도 기간에 있어서도 실상 여러분이 말씀하신 것이 옳다고 여겨지기 때문에 저로서는 좋은 공부가 되었습니다. 그러므로 저의 안은 철회하기로 합니다."

모든 사람은 의표를 찔려 깜짝 놀람과 동시에 그 사람을 다시 한 번 쳐다보게 되는 것이다. 그토록 강력하게 주장하더니 틀렸다는 것을 알고는 즉시 반성하고 자기주장을 철회하고 만다. 그 담백한 태도에 호감이 가는 동시에 말이 통하는 도량 있는 사람이라는 인상을 주게 된다. 공중 앞에서 양보할 수 있다는 것은 그 사람의 스케일의 큼을 보여 주는 일이다.

 그러므로 이와 같은 사람의 의견에는 모든 사람이 그 뒤로는 귀를 기울이게 되고 좋은 점을 찾아내려 노력한다. 만약 고집을 피운다면 사태는 더욱 악화되고 그 뒤로는 아무도 그 사람의 말을 들으려 하지 않을 것이고 발언의 무게도 없어지게 되는 법이다.

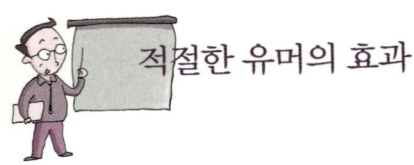
적절한 유머의 효과

  우리나라 사람은 회의라고 하면 전통적 정장을 하고 나가지 않으면 안 되는 것처럼 생각하고 농담을 하는 것은 마음의 자세가 흐트러진 것인 양 생각하는 습성이 있다. 회의에 있어서의 농담, 그것도 실없는 농담이 아니고 내용이 있는 유머라면 얼마나 회의의 분위기를 부드럽게 하고 진행을 원만하게 하는 것인가. 그러므로 유머란 것에 대해 생각해 보고자 한다.

  유머, 웃음, 위트라고 쉽게 말하지만, 이것은 장소, 타이밍, 표현력, 순간적으로 떠오르는 생각, 분위기, 이해하는 사람, 말씨 등 여러 가지의 요소가 서로 얽혀 비로소 효력을 발휘한다. 아무것도 아닌 말이라도 일시에 웃음을 터지게 하는 일도 있다. 그런가 하면 비꼬는 말이 되는 수도 있다. 참으로 어려운 것이다. 그러므로 유머라고 하는 것은 첫째로 경험이 중요하다.

  어떠한 대목에서 어떠한 일이 효력을 나타내던가, 두뇌의 컴퓨터에 집어넣어야 된다. 그 집어넣는 용량의 크고 작음이 당신을 유머리스트로 만드는가 아닌가를 결정한다. 의론이 대립했을 때

  "상당이 열이 오른 것 같으므로 여기쯤에서 검사님께서 등장하셔서 재판해 주셨으면 합니다. 그러면 김검사님……"

  마침 그 사람의 이름이 사법 행정관의 직명인 검사와 똑같다면 이와

같이 유머러스한 말을 재치 있게 써서 효과를 낼 때가 있다. 그러나 그렇다 하더라도 김 검사라는 사람이 「휘저어 놓는 사람」이어서는 곤란하다. 역시 검사 타입의 사람이 아니면 안 된다. 그러나 분위기에 따라서는 비록 「휘저어 놓는 사람」이더라도 거꾸로 그 사람됨 때문에 웃음을 터지게 해서 분위기가 한결 부드러워지는 수도 있다. 그 때의 타이밍을 어떻게 잡느냐, 어떤 방식으로 어떻게 말하느냐, 이쯤 되면 이미 문장으로는 표현할 수가 없는 것이다.

 유머는 확실히 웃음을 자아내는 것이지만 말 한 마디라도 조심해야 한다. 유행어라고 하는 것은 새로운 듯하지만 경박한 느낌을 주는 것이 많기 때문에 그다지 고상한 맛이 없다. 속담이나 고사 같은 것에서 인용하는 것도 별로 알려져 있지 않은 것은 자기만족을 주는 데 그쳐서 듣고 있는 다른 사람들은 무슨 말인지 몰라 멍하니 되어 서먹서먹한 분위기가 되고 만다.

 유머 작전이란 지나치게 의식하지 않고 그러면서 인품이나 동작에서 자연스럽게 나오는 산뜻한 것이면 좋겠다.

유종의 미

유종의 미란 그 끝을 좋게 하라는 뜻이다. 모든 일에는 시작이 있으며 그것은 또한 끝이 존재한다.

대화로 진행되는 회의는 간혹 상대방의 기분을 상하게 할 수 있다. 그렇기 때문에 회의 후 어떠한 참여자는 좋지 못한 기분으로 마무리될 수도 있다.

우리는 예를 들면 한 여성에게 「당신의 눈은 곱지만 다리가 무 다리군요.」라고 말하는 것과 「당신의 다리는 굵지만 눈동자는 별 같네요.」라고 말하는 것은 따지고 보면 내용은 똑 같지만 주는 인상은 아주 다르다. 그러므로 회의 중의 발언도 이 작전을 크게 이용하는 것이 아주 좋다. 다른 사람의 발언에 대해서 정면으로부터 반대하는 것이 아니라,

「지금의 A씨의 의견에 대해서 저는 찬성할 수 없습니다. 저로서는 ○○○와 같이 생각합니다. 그러나 A씨의 의견도 충분히 경청할 만한 귀중한 의견이라고 생각합니다.」라고 말하는 것이 어떨까. 확실히 자기로서는 반대이지만 상대방의 입장을 존중하는 말로 끝을 맺음으로써 호감이 간다. 호감을 가지게 하고 상대방을 존중하는 것은 흔히 적을 자기편으로 만드는 작용을 가지고 있다.

다음에는 자기의 의견을 강조할 때에도 쓸 수 있다. 주장할 일의 포

인트를 맨 마지막에 가져오므로 효과를 높인다. 사람의 주의력을 보면 사람의 말에서 인상에 남는 것은 맨 처음과 맨 마지막이다. 그러므로 의견 발표에 있어서도 우선 다른 의견을 내놓게 하고 맨 마지막에 발언하는 편이 유리하다. 직장에서 부하에게 주의를 줄 때에도 「……이래서는 안 되잖아. 더 주의해서 해 주게. 그러나 자네의 이 노력은 살만한 가치가 있네.」라고 표현하면 어떨까.

「자네의 노력은 매우 살만한 데가 있지만 이렇게 해서는 안 되잖아. 더 주의해서 해 주게.」라고 말하는 것에 비해 훨씬 더 주는 인상이 다르고 듣는 부하의 입장에서도 앞의 경우가 하고자 하는 의욕을 일어나게 하는 것이다. 그것과 마찬가지로 의장이 회의 참가자에게 주의를 주거나 발언을 재촉하는 경우에도 말의 배열에 마음을 쓸 것이 바람직하다.

프레젠테이션의 정석

토론을 하다보면 사람은 자신의 의견과 반대편인 참여자와 충돌이 생기게 된다. 이때 사람은 상대방을 끝도 없이 몰아붙이는 경우도 있다. 그러나 그것은 결코 「이기는」것이 아니라, 「지는」것과 다를 바 없다는 것을 알아 두어야 한다. 아무리 당신의 의견이 옳고, 논리적으로 보아 흠잡을 곳이 없다 하더라도, 토론에서 상대방을 굴복시키고 복종시키는 것은 곤란하다. 비록 일시적으로 굴복시킬 수는 있을지 몰라도, 다른 기회에 반격을 당할 것은 뻔 한 일이다.

사람은 토론에서 졌기 때문에 굴복하는 것이 아니라, 상대방의 논지가 옳다고 납득하고 이해함으로써 비로소 굴복하는 것이다. 강제로 하는 것과 자발적인 것과는 커다란 차이가 있다는 것을 알아야 한다.

제7장
프레젠테이션에서 회의를 주도하는 방법

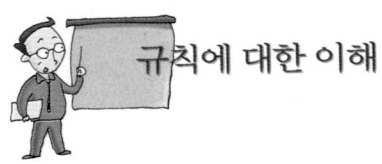
규칙에 대한 이해

인간 사회는 질서에 의해 성립되고 움직인다. 회의 또한 일정한 흐름과 질서를 가지고 진행된다. 그 질서가 명문화 된 것이 아니더라도 「질서 룰」이 없으면 모든 일은 원활하게 되어 가지 아니한다. 회의에 있어서의 룰 또는 규칙도 인간 사회의 질서와 마찬가지로 회의를 원활하게 진행시켜 나가는 데 중요한 의미를 가진다.

그런데 회의의 규칙에는 그 조직이나 단체에 따라 독자의 룰을 비치하고 있는 경우가 많다. 그 룰을 자세하게 검토하고 분석해 보면 조직이나 단체의 특성이 반영되어 있다는 것을 안다. 그러나 또한 어떤 경우라도 어딘가에 공통되고 있는 부분이 많다는 것도 발견할 수 있다.

여러 가지 회의를 모든 각도에서 분석하여 그 운영을 보다 원활하게 영위해 나가기 위해서 룰을 설정한 것이 「로버트 룰 오브 오더(Robert's Rule of Order)」이다. 이것은 보통 「로버트의 의사 규칙」 또는 「의사법」이라고 불리며 회의를 위한 규칙으로서는 가장 이상적인 것이라고 일컬어지고 있다. 상세한 내용은 뒤에서 말하기로 하고 중요한 것은 회의를 개최함에 있어서는 먼저 회의의 룰을 잘 이해해야 하며 참가자도 모두 이 룰을 준수하지 않으면 안 된다는 것이다.

이 질서를 전원이 인식하고 유지해 가는 일이야 말로 회의를 원활하게 진행시키고 수확이 많은 결론을 얻어 낼 수 있는 길이다.

그런데 회의의 규칙이라는 말을 듣기만 해도 마치 딱딱한 「법률」을 외우는 것인가 하고 생각하고 마는 사람이 많지만 그것은 오해이다. 회의 규칙이란 스포츠나 게임의 룰과 마찬가지로 일반적인 상식이다.

어떤 사고로 그 회의가 혼란을 일으켜 수습되지 못한 채 이것이냐 저것이냐, 어느 하나를 결정하지 않으면 안 될 상황에 몰렸을 때 그 회의를 규제하는 규칙이 있으면 그것에 근거를 두고 서로가 납득할 수 있는 결론을 추출해 낼 수 있는 것이다. 만약 그러한 규칙이 없다면 그것은 헛되이 회의를 질질 끌고 갈 뿐 점점 더 혼란을 깊게 만든다.

따라서 첫째로 중요한 것, 그것은 회의 규칙을 아는 일이다.

동의란

사람이 열 사람 모이면 열 가지 생각이 있다. 이 생각을 각자가 일일이 말한다면 혼란해서 회의가 되지 않는다.

동의란 의견을 제출하는 일이다. 그러나 그것은 단순히 의견을 말하는 것과는 다르다.

「이 안건에 대해서는 이와 같아야 한다고 생각한다.」라고 말하면 한 개의 의견이지만

「이 안건에 대해서는 이렇게 생각하기 때문에 이렇게 하자.」라든가 「……에 관해서 A회사와 계약한다는 것을 동의합니다.」라고 하면 동의가 된다.

동의란 여러 가지 많은 생각이 있는 가운데서 하나의 방향을 명시하는 일이며 어떠한 행동을 취할 것을 스스로 착안하여 다른 사람에게 그것에 따르도록 권하는 의사의 동작을 말한다. 동의는 어떠한 경우라도 긍정의 형태가 아니면 안 된다. 그렇지 않은 부정형의 동의는 찬성자와 반대자에게 쓸데없는 오해와 혼란을 가져오게 하기 때문이다.

「1시에 집합하자.」라고 하는 동의는 찬부가 명확하겠지만 「1시에 집합하지 않는다.」라고 하는 동의는 찬성의 경우는 그나마 안다고 치더라도 반대의 경우는 어떻게 해석해야 좋을지 여간 생각하지 않으면 알 수 없게 된다.

「A회사와의 계약에 응하지 않는다」라고 하는 부정의 의미를 가질 경우는 「A회사와의 계약은 파기한다.」라고 하는 것이 좋다.

동의에는 여러 가지 것이 있지만 대부분은 한 사람 이상의 찬성 지지자를 필요로 한다.

「……라는 동의를 제출합니다.」의장은 이와 같은 동의의 제출이 있으면 「A씨로부터……와 같은 동의의 제출이 있었습니다. 이 동의를 지지할 분이 있습니까?」라고 묻는다. 그래서 한 사람이라도 찬성자가 있으면 이것을 받아들인다. 만약 아무도 찬성하는 사람이 없으면, 그것은 모든 사람에게 있어서 전혀 주의나 흥미를 끄는 문제가 아니기 때문에 이를 받아들이지 않는다. 모든 사람이 찬성할 것 같으면 이미 그 동의는 토론할 여지가 없을 만큼 동의를 얻은 셈이 된다. 다만 동의 가운데서 동의의 찬성 지지를 전혀 필요로 하지 아니하는 동의 - 긴급 질문, 동의의 분할, 의사 진행에 관한 것 따위 - 나 국회 같은 데서 있는 동의 찬성 지지자를 몇 명으로 한다고 하는 것 같은 예도 있다는 것을 알아 둘 필요가 있다.

상식으로서는 특히 정해진 회의 규칙이 그 회의에 없는 경우, 동의 취하, 동의의 분할, 의사 진행, 심의의 반대, 보충 자료의 제시 요구, 사람의 추천, 긴급 질문, 의사의 촉진 등의 동의는 찬성 지지를 필요로 하지 아니한다.

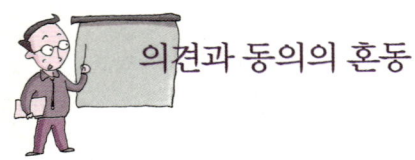
의견과 동의의 혼동

처리하기 곤란한 것은 의견을 동의라고 생각하고 발언하거나 말은 동의라고 하면서 사실은 의견인 것과 같은 경우다.

「저는 이 안건에 대해서 이렇게 생각합니다.」이것은 의견이다. 의장은 의견을 듣고 다음 순서로 나아가려 하는데,

「지금 제가 제출한 동의는 어떻게 된 것입니까?」라고 항의하는 사람이 있다. 또한

"저는 이렇게 생각하기 때문에 동의합니다."

이것은 동의이기 때문에 의장이

「지금 이와 같은 동의가 나왔으므로 이를 채택하고자 합니다마는, 찬성 지지하실 분은 있습니까?」라고 말하면

「지금 저는 이런 생각이라는 것을 말했을 따름입니다.」라고 언짢게 말하는 사람이 있다. 이렇게 되어서는 의장도 손을 들 수밖에 없다.

동의는 복창되는 것이 바람직하다. 이제부터 어떠한 일에 대해서 토론하는가를 복창함으로써 모든 사람에게 주지시킨다. 목적에서 벗어난 의견도, 이렇게 함으로써 방지할 수 있다.

동의를 채결하기 전에도 다시 한 번 복창하고 여기서 결론을 내는 것이 어떠한 문제인가를 명확하게 해 두는 것이 좋다.

동의의 하나인 「긴급 질문」을 남발하는 사람이 이따금 있다.

「의장, 긴급 질문!」

 의장이 받아들여「예, 말씀하십시오.」라고 발언을 허락하면 내용이 전혀 긴급성이 없고 주의해서 들어 보면 형태를 바꾼 의견의 발표에 지나지 않는 경우가 있다. 이와 같은 경우에는 의장은 사정을 두지 말고 발언을 막는 것이 옳다.

 그리고 흔히 오해를 부르기 쉬운 것은 동의가 나와서 거기에 새로운 동의 찬성 지지가 있으면 그 안건이 완전히 결정된 것처럼 생각하는 일이다. 이것은 결정된 것이 아니고 동의가 의지로서 성립되었다는 것이므로 토론을 거친 뒤 가결하지 않으면 안 된다 것을 잘 알아 두어야 한다.

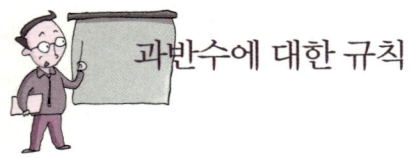
과반수에 대한 규칙

안건은 다수결에 의해서 이를 결정하지만 그 생각에는 두 가지 종류가 있다는 것을 알아 두는 것이 필요하다. 그것은 상대적으로 다수를 얻는 방법과 절대적으로 다수를 얻는 방법이다. 상대적 다수란 비교적 다수의 찬성을 얻은 것으로 결정한다는 생각이다.

선거가 가장 좋은 예이다. 세 사람이나 네 사람의 후보자가 있어 그 중에서 가장 많은 표를 얻은 사람이 당선하게 된다. 이것은 상대적 다수결의 생각으로 과반수가 아니더라도 당선된다. 한 표의 차라도 무방하다.

절대적 다수의 생각이란 둘 중에서 한 쪽이 과반수를 얻는 일이다. 과반수란 전원의 반분이상 곧 반분 플러스 1이상이다. 그러나 이 경우 표결권이 있는 전원의 반분 이상인가, 출석하여 실제로 표결에 참가한 사람의 반분 이상인가를 명확하게 해 두는 것이 필요하다. 100명 표결권을 가지고 있고 86명이 출석한 경우, 전자의 경우는 51이고 후자의 경우는 44이다.

다음과 같은 경우도 있다. 100명의 회의에서 정족수를 과반수로 하면 51명의 출석으로 회의가 성립되고 그 출석 인원의 과반수로 결정이 이루어진다면 26표면 되는 셈이다. 참으로 4분의 1의 표로 일이 결정지어진다. 그러므로 규칙에 정해 놓든가, 표결하기 전에 확인해

놓아야 한다.

　3분의 2라는 생각은 한 쪽이 다른 쪽의 2배의 표를 얻는다는 것이다. 이러기 위해서는 여간 찬성자가 있지 않으면 가결이 성립되지 않는다. 헌법을 위시하여 회의 정관이나, 특별히 중요한 성격을 가진 것에 채용되고 있다.

　동의의 종류 중에도 그와 같은 것이 있다. 의사일정을 변경하거나 채결을 요구하는 동의에는 이 3분의 2가 적용된다.

채결 방법의 활용

　채결의 방법에는 여러 가지가 있다. 보통 그다지 격식을 차리지 아니하는 회의에서는 「구두 채결」이라 불리는 방법, 곧 「이 건에 대해서는 이의가 없으십니까?」「이의 없음」과 같은 방법이 쓰이고 있다.
　조금 격식을 차린 중요한 사항을 결정하는 회의에서는 손을 들어 찬부를 묻는 「거수 채결」의 방법이 쓰이고 있다.
　채결이란 찬성과 반대를 명확하게 하고 주제를 결정하는 것이므로 결론적으로는 어떠한 방법이더라도 상관이 없으나 그 방법은 각각 그 나름의 장단점이 있다. 먼저 그 방법을 크게 나누면 구두(박수), 거수, 기립, 투표의 네 가지를 들 수 있다.
　구두의 경우는 아무런 동작도 따르지 아니하며, 박수로 결정하는 경우도 마찬가지로 간단하기는 하지만 다만 찬성과 반대를 명확하게 파악할 수가 없다. 그러므로 이 구두채결의 경우는 대개 의문이 생기지 아니할 간단한 사항에 관해서 가장 적당하다. 전회의 회의의 의사록을 승인하든가, 이미 대부분의 참가자가 승인하고 있는 사항이든가 따위이다.
　거수는 찬성과 반대를 명확하게 하므로 의결에 있어서 잘못되는 일은 일어나지 않는다. 거수는 보통 오른손을 쓴다. 기립 채결도 마찬가지다.

투표 채결은 기명과 무기명의 두 가지가 있는데 어느 쪽도 찬성과 반대는 더욱 명확하게 된다. 훗날의 증거도 되지만 이 방법은 공개를 꺼리는 경우, 이를테면 신임에 관한 일이라든가, 참가자 서로가 자기의 의사를 공개하는 것이 곤란할 때 쓰인다. 입회인을 정해놓고 개표하는 경우도 있다. 그 밖에 흑백의 구슬을 준비해서 투표함에 넣는 방법, 전광판을 이용한 근대적 기능적인 방법 등 여러 가지를 생각할 수 있다.

찬부가 동수일 때는 의장이 이를 결정하게 된다.

그런데 의장으로서 어느 쪽에 결정하느냐 하는 것이 문제가 된다. 이것은 의장의 자유이지만 보통은 「부」쪽으로 하는 것이 바람직하다. 이것은 「찬」으로 함으로써 있을 수 있는 사태의 변화를 피하기 위한 것이며 「현상을 유지한다.」라는 생각에 입각한 것이다.

일사부재리의 원칙

일사부재리란 어휘 그대로 회의에서 한번 결정한 일은 같은 문제에 관해서 일정 기간 토의할 수 없다는 것이다. 이것은 당연한 일로 모처럼 결정한 것을 같은 회의에서 재차 토의하는 일이 있어서는 매우 비능률적이고 회의의 권위도 보잘 것 없는 것이 되고 만다. 또 결정 사항이 수시로 변한대서야 신뢰도 잃게 되고 만다. 만약 수시로 변하는 것이 인정받는다고 친다면 반대 의사를 가진 사람은 이것을 몇 번이고 제출할 것이고 의사 진행에 더할 나위 없이 방해가 될 것이다.

그런데 일정 기간의 해석은 어떻게 할 것인가. 이 해석은 어디까지가 어떻다고 정하기 곤란하므로 상식적 해석에 맡길 수밖에 없지만 비록 일정 기간이 경과했다고 하더라도 전회에 결정된 일을 시일이 경과했다는 이유로 변경하게 된다면 역시 권위와 신뢰를 잃게 된다.

변경하는 데에는 그만한 확고한 이유와 거기에 이르게 된 사정의 변화라는 것이 있어야 한다. 회의에서 자주 볼 수 있는 현상인데 어떤 사내 회의에서 한 가지 일을 결정했다고 하자. 거기에 실력자인 부장이 들어온다. 그래서 「결론은 어떻게 되었는가?」라고 묻는다. 결론은 이렇게 났다고 의장이 보고한다. 그러자 부장은 「그래서는 안 되지, 이 문제는 이렇게 되어야지……」라고 발언한다. 이 한 마디로 그때까지 토의한 것은 어디로 갔는지 부장의 발언대로 결론이 바뀌고 만다.

이래서는 회의의 의미도 전체의 의사도 있을 수 없다. 회의를 경시하는 정도가 이 이상 더하지는 못하다 할 것이다. 부장으로서는 어떻게 해서라도 그와 같이 결정시키지 않을 수 없었던 일이라면 사전에 전원에게 알려두든가, 차라리 회의에 붙이지 말고 부장이 결정해 두었어야 옳다. 이와 같은 일이 거듭되면 몇 번 회의를 열더라도 아무런 의미가 없기 때문에 모두가 싫증이 나서 그 뒤로는 협력은 고사하고 다음 회의에는 아무도 적극적으로 참가하지 않기 될 것이다.

일사부재리는 이와 같은 점에서 회의의 의사결정이 중요한 일이라는 것을 가르쳐 주고 있다. 흔히 우리는 회의를 단순하게 의견을 나누는 일이라고 생각하고 그 결과에 대해서 책임을 느끼지 아니하기 쉽지만 회의는 중대한 의사 결정이라는 것을 자각해야 할 것이다.

사전준비의 필요성

　회의는 사전 준비를 어떻게 하느냐에 따라서 성패가 결정된다고 해도 과언이 아니다. 그런데도 항간의 많은 회합을 보면 너무도 이 점에 소홀한 것 같다.
　그저 막연하게 사람이 모여 서로 의론을 펴고 그러다가 결론 비슷한 것을 내는 일이 회의라고 생각하고 있는 사람이 너무도 많다. 그 증거로 동일한 형식의 동일한 내용을 가진 회의이면서 한 쪽은 매우 원만하게 진행되는데 비해 다른 한 쪽은 자꾸 혼란이 일어 아무런 진전도 볼 수 없는 경우가 있다.
　회의 종료 후 일종의 청량감이 느껴지는 회의와 씁쓸함이 느껴지는 회의가 있다. 그것은 왜 그럴까 하고 돌아보고 자세히 분석해 보면 사회자나 의장의 미숙이라든가 기량 같은 것의 탓이 아니라 회의를 열기 전의 단계, 곧 회의를 위한 사전 준비에서 이미 미비하고 불충분한 점이 발견된다.
　그러면 회의의 사전 준비에 대해서 생각해 보기로 하자.
　첫째로 중요한 것은 의사일정을 어떻게 하느냐 하는 일이다. 다음은 심의의 순서를 어떻게 준비하느냐이다. 다시 말하면 사전에 미리 회의의 내용을 잘 파악해 두어야 한다는 것이다. 지금부터 열리는 회의의 내용을 전원이 익히 알고 있으면 그 회의는 동등한 수준에서 출발

될 수 있다.

 회의는 먼저 「개회 선언」에 의해서 시작되는데 그 뒤에 일반적으로는 「의장 선출」이 행해진다. 선출된 의장은 특별한 회합이 아닌 한 전회의 회합에서는 어떤 일이 논의 되었던가 하는 따위를 미리 출석자에게 보고하는 것이 좋다. 더욱이 상부에 위치하는 회의라면 하부로부터 올라 온 이를테면 위원회의 보고라든가, 분과회의 보고 등이 중요한 기초가 되어 있는 경우가 많으므로 그와 같은 보고도 빠짐없이 전달해야 한다. 또한 전회의 회의에서 미결인 채로 남은 의안은 없었던가, 혹은 이번 회의에 새로 제안될 일은 없는가, 특별히 의결하지 않으면 안 될 의제는 없는가 따위도 함께 제시해야 할 것이다.

 만약 이 회의가 이번이 처음인 회의이거나 연속해서 열리지 않고 있는 회의일 것 같으면 거기에 출석하고 있는 사람 상호간에도 의례 인식이 모자랄 것이므로 출석자의 입장을 명확하게 해 두는 의미에서 자기소개를 시키는 것도 중요한 포인트이다.

 단, 이 경우 출석자 개개인에게 자기소개를 시키면 밑도 끝도 없이 자기의 경력이나 취미 등을 늘어놓는 사람이 있을 수도 있어 흔히 시간이 낭비되는 일도 있고 하니 의장=사회자가 출석자를 하나하나 소개하는 것 같은 방법도 때로는 효과적일 것이다.

 앞에서도 말했지만 준비 단계에서 필요한 것은 회의장의 설계이다. 그 첫째로는 회의에 참석한 모든 사람의 얼굴을 두루 눈으로 볼 수 있어야 한다는 것이다. 서로의 얼굴이 보이지 않는다면 그 회의는 벌써 이 한 가지만으로도 실패할 것이 뻔하다.

책상이나 의자의 배열, 보드의 있고 없음, 마이크의 성능, 광선의 명암, 냉난방의 조절, 소음의 차단, 문서의 배부, 기록의 준비, 회의 운영을 위한 분담 – 이와 같은 것들이 완전한가 어떠한가를 반드시 회의가 열리기 전에 확인해 두어야 한다.
　자세한 것은 제1부 제2장에 상세하게 설명하였으므로 다시 한 번 확인해 주기 바란다.

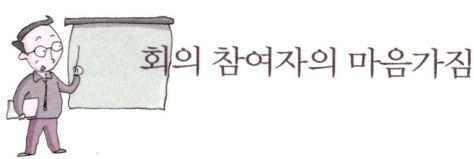
회의 참여자의 마음가짐

현대는 철저한 시간에 의해 진행된다. 속도에 따라 성패가 좌우 되는 요즘 같은 시대에 시간은 금이다. 회의 참여자는 이러한 요건에 맞춰 남의 시간을 훔치지 말아야 한다. 결론적으로 원활한 회의 진행이 요구되며 여기에는 다음과 같은 점을 고려해보아야 한다.

같은 멤버가 정례적으로 여는 회의라 할지라도 막상 회의에 출석하는 순간이 되면 복잡한 심리가 교차하게 된다. 회의석상에서의 발언은 자기 의사의 표현이므로 당연하다고 할 수 있으나 때로는 그것이 거세게 서로 부딪치는 일도 있고 출석자 전원을 설득시키지 못해 모든 사람의 찬성을 얻기가 곤란할 때도 있다. 특히 의제가 출석자의 이해와 득실에 영향을 미치게 하는 일이거나 회의 내용이 출석자에게 매우 큰 영향을 주는 것인 경우에는 유능한 사회자라 하더라도 출석자의 심리 상태를 예측하는 것은 곤란하다.

회의 토론 시 감정폭발과 같은 반이성적 행동에 주의해야 한다. 따라서 회의를 소집하는 사람은 이와 같은 회의 참가자의 심리 상태를 잘 파악해 두지 않으면 안 된다. 그와 동시에 회의에 참가하는 사람도 자기 나름의 의견이나 감정을 가지고 오는 것은 좋으나 발언 등에서는 항상 사적인 감정을 섞지 말고 냉정하게 대화한다는 배려가 필요하다. 회의란 어디까지나 건설적인 것이지 결코 파괴적인 것이어서는 안 된다 것을 마음에 새겨 두어야 한다.

 회의는 평등하고 민주적으로 운영되어야 하는 것이며 그 참가자도 동등한 권리를 가지고 있는 한 회의라는 장을 빌어 사적인 감정을 노골적으로 표현하거나 자아로써 남을 제압하거나 하려고 하는 것은 회의의 규칙을 무시함도 정도를 지나치는 것이므로 절대로 삼가지 않으면 안 된다.

 그 때문에 회의의 의장에게는 절대의 권한이 주어져있다. 회의의 운영을 유달리 파괴하는 것 같은 발언의 행위가 있는 경우에는 필자가 몇 번 주장한 것과 같이「당장 회의장에서 퇴장하라」라고 의장은 당사자에게 퇴장을 명해도 무방하다. 의장의 이와 같은 의연한 태도야말로 한 사람의 이기주의자에 의해 본의 아니게 발생하는 귀중한 시간의 낭비를 막고 회의를 파괴로부터 지키는 최상의 수단이 되는 것임을 명심하여야 한다.

 이야기가 바뀌지만 회의의 출석자는 반드시「정각」에는 모인다고 하는 것을 마음에 다짐해 두지 않으면 안 된다. 10명의 출석 인원 중 1명이 5분을 지각한다면 나머지 9명이 모두 5분씩을 허비하게 되는 것이므로 합계 45분의 시간을 낭비한다는 계산이 된다. 이것이「남의 시간을 훔치지 말라!」라고 하는 까닭이다.

 물론 회의의 시작 시간을 정확하게 지킨다는 것은 중요하지만 그와 마찬가지로 종료 시간도 어김없이 끝맺도록 해야 할 것이다. 시간을 지킨다는 것은 개회의 시간과 폐회의 시간을 지킨다는 것 바로 그것이다.

 그리고「남의 시간을 훔치지 말라!」라는 의미에는 한 사람의 발언자가 장황하게 발언하여 발언 시간을 독점함으로써 다른 사람의 발언 시간을 극단적으로 짧게 하거나 때로는 발언의 기회를 주지 않는 것과도 통하는데, 이것이 바람직한 태도가 아니란 것은 두 말할 여지가 없다.

 회의는 평등이 원칙이기 때문에 발언에 있어서도 평등하다는 것을 알아야 한다.

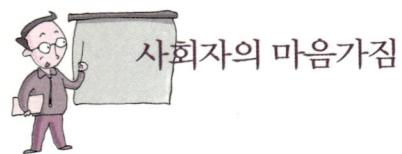
사회자의 마음가짐

정족수의 기능

　회의는 소정의 시간이 되면 사회자에 의해서 「개회 선언」이 행해진다. 그 뒤에 그 회의가 정족수에 달해 있는가 어떤가를 확인하지 않으면 안 된다. 일반적으로는 특별한 규칙이 없는 한 모여야 할 인원수의 과반수, 곧 반 이상의 참가자가 있으면 그 회의나 집회는 성립하는 것으로 되어있다.

　정족수는 회의의 결정의 효력에도 관계되는 것이기 때문에 참가자가 너무 적을 것 같으면 참가 예정자 전원의 의견을 반영하고 있다고 할 수 없다. 100명 예정인데 5명만 출석해서 일을 결정하고 말아서야 총의를 반영한 것이라고 말할 수 없을 뿐 아니라 효력도 신용도 없어진다. 결과적으로는 전원의 설득이 곤란할 것이므로 극히 가까운 장래에 간단하게 결론이 뒤집어지지 않는다고 단언하기 어렵다.

　종교계의 회의, 그것도 불특정 다수를 대상으로 하는 경우라든가, 민법상의 사단 법인의 사원 총회 같은 데서는 정족수가 없으며 종교계의 경우는 모인 인원수를 바로 정족수로 하고 있는 것 같은데 그렇더라도 극단으로 적은 인원수의 경우는 회의를 연 의미가 없어지기 때문에 자연히 유회되는 결과가 되고 말 것이다.

　정족수를 어떻게 정하는가 하는 것은 어렵다. 정족수는 다소 격식을 갖춘 회의 형태에 마련되어 있는 경우가 많고 직장이나 작은 그룹의 회의에는 아무런 규칙도 없는 것이 보통이다. 그러나 그 경우라도 모든 사람의 의견이 반영이라는 견지에서 참가자가 적을 때에는 회의를 중지하는 일도 있다.

 영국의 하원에 대해서 조사해 보았더니 의원 수 630명에 대해서 40명 이상 모이게 되면 회의가 성립하는 것으로 되어 있다. 이것은 놀라운 일이다. 10% 미만의 인원으로 일을 결정할 수 있는 셈이지만 그 배경에는 의원에 대한 절대적인 신뢰가 뒷받침하고 있기 때문이라는 것을 알 수 있다.

 어느 나라에서는 다수 횡포라든가 강행 체결이라든가 하는 안심할 수 없는 일이 많은데 과연 신사의 나라라는 느낌이 든다. 정족수가 정해져 있는 경우 의장은 그 확인이 필요하다. 이것은 회의 개시 때는 물론 회의 중에도 항상 주의를 기울여야 한다. 정족수 부족인 채로 의결하고 말면 훗날에 문제를 남기게 된다.

 참가하는 사람이 많은 집회에서는 과반수의 출석자를 확보하는 일이 어렵다. 그런 경우에는 정족수는 부쩍 적어진다. 그러나 어떠한 경우라도 정족수가 차지 않는 회의나 집회는 열지 말아야 한다. 이것은 소수의 인원만으로 결의가 행해지는 것을 방지하기 위한 데서 나온 생각이다.

 다음에는 사회자의 중요한 역할로서 전회의 의사록을 낭독하는 일이다. 전회의 의사록이 회의석상에서 읽혀진다는 것은 회의에 출석한 모든 사람이 과거에 토의한 내용을 정확하게 이해하는 일에 연결

된다. 그와 동시에 필요 없는 오해를 불러일으키지 않도록 하는 일이기도 하다.

또한 그 회합이 첫 번째의 회의라면 사회자는 그 회의가 개최되는 목적을 명확하게 설명하고 의사 진행을 원활하게 운영할 수 있도록 회의의 운영 규칙을 채용한다. 그것에 근거를 두고 회의를 주재하는 「의장」을 지명 또는 선출하여 의사에 들어간다.

회의에 있어서의 발언은 반드시 허가를 얻고 나서 행해지지 않으면 안 된다.

이것은 당연한 상식인데도 가끔 사회자의 허가를 얻지 않은 채 각 개인이 제멋대로 발언하고 있는 일을 볼 수 있다.

「발언의 순서」는 참가자가 먼저 사회자에게 요청하여 허가를 얻음으로써 비로소 발언권을 획득하게 되는 것이다. 따라서 발언하고자 하는 사람은 그 때마다 사회자의 승낙을 얻어야 한다. 다른 사람이 아직 발언 중인데 손을 들거나 일어서거나 하는 것은 엄격히 삼가지 않으면 안 되며 이것은 사회자나 회의 참가자에 대해서 예의에 벗어나는 일이다. 이런 경우에는 그 사람에게 발언권을 주지 말아야 한다.

「의사법」에 있어서는 회의 참가자가 각각 1회씩 발언이 끝날 때까지는 아무도 2회째의 발언을 할 수 없도록 되어 있다. 이것은 평등하게 발언을 시키기 위한 것이다. 또한 사회자는 하나의 문제에 관해서 모든 입장에서 고루 의견을 구하기 위해서 찬성과 반대의 발언이 서로 어긋나게 행해지도록 배려할 필요가 있다.

보통 발언자는 사회자의 허가를 얻게 되면 자기의 성명을 말하고,

소속하는 회가 있으면 그 명칭도 말하지 않으면 안 된다. 그리고 발언도 되도록 간단명료하게 하여 장시간이 걸리지 않도록 유의한다. 그러기 위해서 회의장에서는 각 10분씩 2회만 발언할 기회가 주어져 있을 뿐이다.

그리고 이들 발언은 「동의」에 의해서 중지시킬 수 있다. 그 경우는 의결권을 가진 사람의 3분의 2이상의 찬성이 필요하다. 아주 소수 의견만으로는 심의를 중지시키거나 발언을 저지시킬 수 없는 것이다.

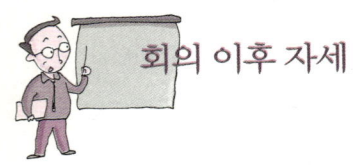
회의 이후 자세

　회의에는 처음과 끝이 있다. 그것은 개회라든가 폐회라는 의미는 아니다. 회의가 시작하기 전의 준비나 참가자를 소집하는 일 따위는 모두 회의 가운데 포함된다. 그러므로 회의는 소집이 행해지는 때부터 시작하는 것이라고 생각해도 좋다.

　마찬가지로 회의는 폐회 선언이 발해진 것으로 끝났다고 보는 것이 아니라, 회의가 끝난 뒤에 회의 참가자에게 취해지는 「사후 처리」가 끝났을 때가 그 회의의 종료라고 생각해야 한다. 그러면 그 「사후 처리」란 무엇인가. 그것은 그 회의에 참가한 사람에 대하여 의사록을 송부하고 출석해 준 데 대한 사의를 표하고 차 회의 회합 예정을 통지하는 일이다.

　의장의 폐회 선언으로 회의가 모두 끝난 것으로 생각하고 이와 같은 사후 처리를 잊은 채 방치해 두는 일이 너무도 많다. 사후 처리를 철저하게 해 놓으면 다음 회합은 반드시 수확이 있게 되고 참가자도 기대 이상으로 많이 모이게 되는 것이다. 곧 다음 회합의 성공이 약속되는 것이다.

　따라서 회의가 끝난 뒤 주최자는 즉시 그날의 회의 내용을 정리하고 의사록을 작성하여 회의 참가자에게 배부해야 한다. 또한 그 문서의 배부에 첨가해서 회의에 참가해 주어 고맙다는 말을 서면으로나 전화로 한 마디 인사를 해 둘 필요가 있다.

특히 건설적인 좋은 제안을 해 준 사람에 대해서는 거기에 알맞은 마음으로부터의 찬사를 보내어 예의를 갖추어 두자. 그렇게 함으로써 다음 회합에 대한 참가자 자신의 의욕도 관심도 훨씬 깊어진다.

회의의 주최자가 가장 고심하는 점은 그 회의에 얼마만큼 참가자가 모여 줄 것인가 하는 일이다. 참가 의무가 여간 강한 회의가 아니라면 이것은 상당한 노력을 필요로 할 터이다.

회의 전날에 가서야 당황해서 화닥닥거리기보다는 전회의 회의 직후에 다음에 있을 회합을 예상하고 참가자가 마음으로부터 납득할 만한 「사후처리」를 해 두는 것이 그 회합에 대한 참가 의욕을 북돋운다는 점에 착안했으면 한다.

회의의 주최자가 가장 고심하는 점은 그 회의에 얼마만큼 참가자가 모여 줄 것인가 하는 일이다. 참가 의무가 여간 강한 회의가 아니라면 이것은 상당한 노력을 필요로 할 터이다. 회의 전날에 가서야 당황해서 화닥닥거리기보다는 전회의 회의 직후에 다음에 있을 회합을 예상하고, 참가자가 마음으로부터 납득할 만한 "사후처리"를 해 두는 것이 그 회합에 대한 참가 의욕을 북돋운다는 점에 착안했으면 한다.

제8장
프레젠테이션에서 사회자와 의장의 역할

이성적 판단과 진행

 앞서 말한 바와 같이 회의진행에 있어 사회자는 중요한 역할을 담당한다. 곧 의장은 이에 따라 요구되는 마음가짐이 많다. 먼저 혈압이 높은 사람은 의장으로서는 부적격이다. 여기서 「혈압」이라 하는 것은 이내 피가 머리에 오르는 사람을 가리킨다. 성 잘 내는 사람은 충분히 자신을 억제하는 노력을 하지 않으면 안 된다. 의장이 성을 내면 회의도 성나기 시작한다. 의장이 피로해 있으면 피곤한 회의가 된다.

 다시 말하면 의장은 몸의 컨디션에 유의해야 한다. 마작으로 밤샘을 했다거나 과음한 다음날 같은 때 의장이 되는 것은 좋지 않다. 아무 말 않고 있어도 참가자는 본능적으로 의장의 컨디션을 짐작한다. 알코올을 넣고 의장의 일을 본다는 것은 미량이라도 좋지 않다. 붉은 얼굴이나 술 냄새는 참가자의 기대를 깨끗이 저버린다. 「이성 있는 회의」가 「감정적인 회의」로 되고 만다. 의장은 때로는 심리학자가 되지 않아서는 안 된다. 오늘 모인 참가자의 심리 상태는 어떤가, 마음 속에 어려운 문제를 지니고 있지 않는가, 어떠한 마음가짐으로 모여 있는가 – 이와 같은 통찰력도 가지고 있지 않으면 안 된다.

 사소한 일을 가지고 이러쿵저러쿵하는 사람이 때로는 있다. 다른 사람이 보면 아무것도 아닌 일인데 당사자는 자기의 불만이나 의견을 사소한 일로 트집 잡아 말하고 있는 경우가 흔히 있다.

「지금 말씀하시는 것은 본제와 관계가 없기 때문에 발언을 중지해 주시기 바랍니다.」

 이런 말을 한다면 참가자는 당장 시무룩해져 의장의 반대파가 되고 만다. 상대의 발언을 봉쇄하는 것은 의장의 권한으로 보면 아주 쉬운 일이지만 좀 더 마음이 따뜻한 처리가 필요하다.

 의장은 눈과 손을 쓰는 데에도 마음을 써야 한다. 참가자가 발언을 하고 있는데, 옆을 보고 있으면 발언자는 멋쩍어지고 만다.

 문제를 모든 사람에게 주지시키고자 할 때에는 참가자를 두루 보면서 말하면 효과적이다. 눈의 안배를 잘하는 것은 백 가지 말보다도 설득력을 가지고 있다. 손을 쓰는 법도 주의해야 한다. 집게손가락으로 가리키면서 사람을 지명하기보다는 손을 펴 부드럽게 내미는 편이 지명을 받은 사람의 입장에서는 느낌이 다르다. 사소한 일이지만 손에는 손의 표정이 있어서 손바닥과 손등 어느 쪽을 쓰느냐에 따라서 받아들이는 느낌이 다르다는 것을 알아 두어야 한다.

힘 있는 말의 매력

 말에는 힘이 있다. 진심이 담긴 말은 사람의 마음을 깊이 느끼게 하고 열의가 넘치는 말은 사람을 움직이게 한다. 의장은 참가자를 이끌어갈 중심인물이기 때문에 말을 함에 있어 깊이 주의해야 한다.
 개회당초의 한 마디 인사말은 회의의 분위기를 따사롭게 만든다.
 "오늘은 바쁘신 가운데 이렇게 모여 주셔서 참으로 감사합니다. 지금부터 개회코자 합니다. 저는 의장으로서 부족한 점이 많습니다마는 아무쪼록 협력해 주시기를 부탁드립니다."
 "여러분을 뵈옵건데 저보다는 의장으로서 더 적당하다고 여겨지는 분이 많이 계십니다. 지명을 받는 것이 매우 송구스럽습니다마는 의장으로서 맡은 일을 성의껏 열심히 하고자 합니다. 아무쪼록 잘 부탁드립니다."
 "여러 선배님들이 계심에도 불구하고 의장을 맡는다는 것은 매우 송구스럽습니다만 이것도 공부라고 생각하고 열심히 하겠습니다. 아무쪼록 잘 부탁드립니다."
 실로 평범하고 어디서든지 흔하게 듣는 말이지만 중요한 일이다. 한국인의 기풍으로서 한 걸음 물러서서 자기를 낮추는 것은 호감이 가는 일이라는 것을 알아두어야 한다. 의장이 되었다고 해서 높은 자세로 임하면 회의가 시작될 때부터 「건방지구나」하는 인상을 주어 불의의 가격을 받게 된다.

 유머도 중요하다. 불시에 웃음을 자아내는 말은 회의의 도입을 크게 도와준다.

「-씨」,「선생」,「부장」,「과장」등의 경칭이나 호칭의 말에도 주의해야 한다. 사내 회의에서 상사인 부장한테 「-씨」라그 부르는 것은 어딘지 모르게 어색하며 부장의 입장에서는 그리 기분 좋은 일이 못된다. 경칭은 그 사람이 보통 때 불리고 있는 호칭을 쓰는 것이 무난하다. 「선생」이라고 부르기에 알맞지 아니한 직업의 사람에 대해서 「선생」이라고 하면 사람을 얕잡아 보는 것같이 들리는 때도 있다.

「우리들」이란 말은 이상하게도 연대감을 불러일으키는 말이다.

「이 문제는 매우 힘든 일이지만 여기서 우리들로서는 십분 지혜를 짜내어 볼 만한 일이라고 생각됩니다.」의장과 참가자라는 것이 아니라 의장도 함께 생각하자고 하는 요소는 효과가 있다. 의장으로서 아는 체한다든가, 비밀인 것처럼 말하는 것은 금물이다.

 전혀 입을 열지 않는 사람을 발언하도록 만드는 것도 의장의 할 일의 하나다. 「…… 그런데 A씨, 이 점에 대해서 어떻게 생각하시는지요?」라고 슬쩍 말을 던져 보는 것도 하나의 방법이다.

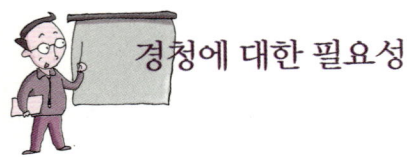
경청에 대한 필요성

　의사 진행의 주역인 의장은 회의에 대한 사전 준비를 필수로 해야 한다. 어떠한 목적으로 열리며 어떠한 의제가 있고 어떻게 진행시킬 것인가를 잘 알고 있어야 한다. 개회에 임박해서 회의장에 뛰어 들어 경황없이 의제를 훑어보고 다만 경험만 믿고 회의를 진행시키려 하는 사람을 간혹 보는데 이와 같은 의장은 벌써 출발부터 자세가 잘못된 의장이라고 말하지 않을 수 없다. 의장은 회의장에 적어도 30분쯤 전에 도착하는 마음가짐이 필요하다. 회의장의 사전 준비도 다른 사람에게만 맡겨 둘 것이 아니라 스스로 점검할 정도의 배려가 필요하다.
　다음으로 공평성을 지켜야 한다. 사적으로 친한 사람이라고 해서 또는 자기와 의견이 같다고 해서 그런 이유로 참가자 중의 한 사람을 특별히 잘 봐주는 것 같은 일은 삼가지 않으면 안 된다. 모든 참가자의 의견이 나오도록 해서 찬성은 찬성으로서 그리고 반대는 반대로서 듣는 귀를 가지고 있지 않으면 안 된다. 「말 잘하는 사람은 남의 말 알아듣기도 잘하는 사람」이라는 말이 있는데 남의 말에 귀를 기울일 줄 몰라서는 안 된다. 회의에 있어서 소수 의견은 귀중한 것이다. 다수에 밀려서 본의 아니게 소수 의견을 무시하기가 쉬운데 이 소수 의견이 언제 다수 의견으로 탈바꿈할지도 모를 일이다. 남의 말을 들을 때에는 눈을 마주보고 고개를 끄덕이거나 동감을 표하거나 하면 그와 같은 의장의 동작이 참가자에게 참가 의식을 일으키게 한다.

 회의에 탈선은 따르기 마련이다. 항로에서 벗어나지 않도록 주제를 항상 명확하게 해서 참가자의 의식을 집중시키도록 노력하지 않으면 안 된다. 「벌써 시간도 늦었으니 이쯤하고 적당히 결론을 내도록 합시다.」 이와 같은 발언이나 발상은 절대 금물이다. 의장 스스로가 회의를 경시하거나 자포자기하게 되면 회의는 순식간에 분산을 불러오게 된다. 비록 서투르더라도 성의를 가지고 임하는 마음가짐이 필요하다. 의장은 참가자가 가지고 있지 않은 강력한 권한을 가지고 있다. 그렇다고 해서 그것을 남용하는 것도 곤란하다. 마음에 거슬린다고 해서 발언을 막아버리거나 퇴장을 명하거나 의장이 혼자서 말하거나 해서는 그것은 이미 회의가 아니다.

원만한 진행

　의장에게는 어떠한 임무와 권한이 있는 것일까. 먼저 의장의 임무에 대해서 말해 보면 첫째, 의사에 관해서는 개회를 선언하는 임무가 있다. 다음에 그 회의가 정족수에 달해 있는가를 조사할 필요가 있다. 그리고 회의의 기록을 맡는 서기의 지명이 있다. 부의장의 지명도 있다. 회의의 진행에 있어서는 발언의 허가, 발언의 금지, 불온한 자의 퇴장을 명하는 권리, 채결권, 찬성과 반대 동수 곧 가부 동수 경우의 결재권, 회의의 소집 등이 있다. 회의 종료 후에는 의사록에 서명하고 확인하는 의무도 있다.

　이와 같은 일로 미루어 의장이 되는 사람은 의사의 룰에 정통할 것이 필요하다. 조직이 큰 경우에는 회의 규칙 같은 것이 있기 때문에 이에 위반하는 일이 없도록 조심해야 한다. 규칙이 없더라도 민주적 회의에 있어서는 불문율이라고나 할까, 상식으로서의 회의의 룰이 있다. 이것을 무시하고 독단적으로 회의를 진행시키는 것은 허용될 수 없다.

　의사는 의장에 의해서 크게 좌우되지만 그것은 의장의 인격, 경험, 식견, 자신에 힘입은 경우가 많다. 경험이 없으며, 경박하고 그리고 자신이 없는 의장은 참가자로부터 신뢰를 모을 수가 없다. 그룹이나 회사 내에 있어서도 마찬가지인데 비록 의장이 참가자보다 나이가 젊고 미숙하더라도 성의와 자신이 있으면 존경을 모으는 법이다. 원만한 성격은 절로 신뢰를 받게 마련이다.

경험을 쌓게 하는 뜻에서 신입 사원에게 의장을 맡기거나 젊은 사람한테 사회를 시키는 것은 좋은 일이다. 모든 사람으로부터 활발하게 그리고 건설적인 의견을 구하려고 한다면 조직의 장이 된 사람은 한 걸음 양보해서 젊은 사람에게 맡기는 것도 하나의 방법이다. 그리고 탈선할 것 같은 경우나 혼란을 일으킬 것 같은 경우에만 조언을 해 준다는 배려가 바람직하다.

그리고 무슨 일이든 뒤치다꺼리가 중요한 것처럼 회의가 끝날 때에는 끝맺는 말과 오늘 이와 같은 일이 결정되었다고 하는 것을 참석자 전원에게 철저하게 인식시키는 것도 의장의 임무라고 말할 수 있을 것이다.

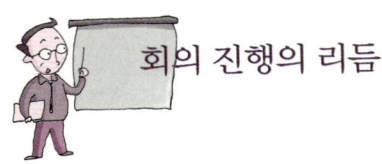

회의 진행의 리듬

　마라톤 선수거나 권투 선수에게 있어 호흡과 스태미나의 배분은 매우 중요하다. 이는 곧 승리와 직결된다. 이처럼 흐름, 즉 리듬은 사람의 컨디션을 과학적으로 해명한 것이다. 회의 또한 마찬가지로 회의 참여자 들 사이에 하나의 리듬이 생겨나는 것은 당연하다. 회의를 이끌어 가는 사람은 이 리듬을 잘 포착해서 스스로의 스태미나의 배분을 고려하고 있는 사람이 많다.

　회의는 어떤 의미에서는 지혜의 투쟁이기 때문에 회의에 있어서의 테크닉이나 작전에 정통한 사람이 강한 것은 당연하지만 체력이 따라가지 못하면 아무 일도 안 된다. 회의가 장시간 끌 경우 특히 리듬과 스태미나의 배분에는 마음을 써야 한다. 만약 자기가 의장으로 뽑히게 되면 의제의 처리나 의사 운영도 중요하지만 머릿속에서 그 날의 회의의 리듬이라는 것을 그려보도록 하자. 만약 의제의 순서를 의장이 임의로 바꿀 수 있으면 이 리듬에 알맞은 의제의 배열도 생각해 볼만 하다.

　예를 들면 며칠이나 걸리는 회의의 경우 만약 그날의 회의에 임해서 모두가 피로한 기색을 보이면 최초의 의제는 모두에게 관심이 깊으면서 결정하기 쉬운 것을 선택하도록 한다.「결정하기 쉬운 의제」를 몇 건 먼저 고르는 것은 회의가 원활하게 진행된다는 인상을 전원에게 줌과 동시에 안건이 척척 처리되기 때문에 하나의 리듬이 생겨 그 뒤의 의제도 처리하기 쉬워진다.

 무슨 일이든 최초가 중요하므로 처음에 잘못되면 뒤도 안 풀리는 수가 흔히 있다. 비록 모두가 지쳐 있더라도 쾌적한 리듬 속에서는 피로가 겹치지 아니할 뿐 아니라, 어떤 경우에는 도리어 피로가 풀린다. 하기 싫은 일을 하고 있으면 피로감이 크지만 예컨대 피로한 뒤에 하는 일이라도 그것이 자기의 기호에 맞는 일이면 피로가 겹치기는 커녕 앞의 피로까지 씻기고 마는 것이다.

 그리고 회의에는 반드시 정점이 만들어져야 한다. 리듬은 그 때의 분위기나 의장의 생각하는 방향, 의제에 따라서도 다를 수 있기 때문에 어떠한 리듬이 가장 좋다고 말할 수는 없지만 회의에 리듬을 만들어 내는 연구와 리듬이 있다고 하는 자각은 의장뿐 아니고 회의에 참가하는 사람에게 있어서도 잊어서는 안 되는 일이다.

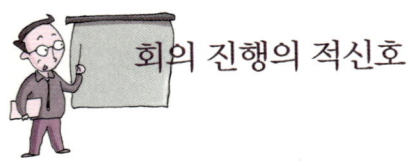
회의 진행의 적신호

회의는 살아 있는 생물이고 변덕쟁이로 비유할 수 있다. 대화로 진행되는 회의는 특성상 참가자의 생각이나 기분은 순식간에 변한다. 단지 한 사람의 발언이 결정적으로 전체를 달라지게 하는 힘을 가지는 수도 있다. 그러므로 의장이 된 사람은 이 변화를 재빨리 알아차리고 항상 그것에 대처할 마음의 준비를 가질 것이 필요하다.

그래서 회의 중의 일반적인 적신호, 곧 요주의 사항을 들어 보기로 한다.

1. 속삭이는 말이 많아져 온다.
2. 집중력이 없어지고 졸고 있는 사람이 있다.
3. 듣고 있는 척 하지만, 책상 위의 종이에 낙서를 하고 있다.
4. 희롱하는 것 같은 말이 끼어든다.
5. 회의와는 관계없는, 소리를 죽인 웃음이 곳곳에서 일어난다.
6. 토론 불능, 해결 불능의 문제를 꺼내어 온다.

이를테면 판매 촉진 회의에서 참가자의 한 사람이 다음과 같은 의견을 내놓았다고 하자.

「당사로서는 판매는 A사에 맡기든지, 아니면 별도로 판매전문의 회사를 만들든지 하는 것은 어떨까요. 그렇게 하면 우리가 토의하려고 하는 문제는 당장에 해결되겠습니다마는…」

이 의견은 확실히 무슨 말인지 알 수 있는 일이지만, 내일부터의 판매를 어떻게 하면 좋겠는가 하고 있을 때, 이와 같은 이야기가 주제가 되어 진행되기라도 한다면 이 회의는 의미가 없다.

　7. 개인에 대한 비판이나 공격

　8. 참가자의 출입이 많아진다. 화장실에 간다든가, 전화를 걸러 간다든가, 참가자의 움직임이 많아진다는 것은 회의에 흥미를 잃었거나 집중력을 잃게 된 증거이다.

　9. 회의 참가자끼리 메모의 교환이 시작된다.

　10. 질문이나 의견이 갑자기 줄어든다. 사람은 비록 엉뚱한 질문이나 의견이더라도 그 문제에 관심을 가지고 있는 동안은 나오기 마련이다. 의견과 질문이 모두 나온 것이라면 몰라도 그렇지 않는데 갑자기 의견이나 질문이 끊어진다는 것은 관심이 그만큼 희박해졌다는 적신호이다.

　11. 고충의 속출, 고충은 회의의 주제 뿐 아니라, 의사 진행상의 문제, 회장의 문제, 심지어는 개인에 대한 문제에까지 미칠 때가 있다. 여기까지 오면 영락없는 적신호인데, 토의 그것보다도 다른 것에 관심을 두고 있는 참가자가 있다는 것을 의미한다.

아이디어 회의의 요령

  아이디어를 회의라고 하는 집단 사고에서 구하자면 어떻게 하면 되는가? 먼저 말할 수 있는 것은 참가자끼리의 상호 작용을 증대시키는 일이다. 그러나 그렇다 하더라도 방법은 그리 간단하지는 않다. 그것에는 그만한 여건의 조성이 필요하다.

  첫째로 발언하기에 좋은 분위기를 조성하는 일이다. 딱딱한 회의에서는 자연히 말씨도 필요 이상으로 형식적이 되고 대담한 발언도 하기 어려워지는 법이다.

  다음은 의장이 과감하게 진행시켜 나아가는 자세를 보여야 한다. 풍부한 말과 항상 참가자의 발언에 자극을 주는 연구도 필요하다. 만약 참가자가 어려운 말로 표현했다면 즉석에서 쉬운 말로 고쳐 설명하는 것도 그 한 가지이다.

  아이디어는 발언의 「양」과 비례해서 나오게 된다는 것을 알아두어야 한다. 얼마 안 되는 제안이나 질문, 의견만으로는 결코 좋은 아이디어는 나오지 아니한다. 쉴 새 없이 제안이나 질문이나 의견이 나오는 것이 상승 작용을 일으켜 좋은 아이디어에 연결된다.

  「이런 것을 말하면 웃음거리가 되지 않을까?」 「이런 것을 말하면 곧 반대에 부닥칠지 모른다.」 이런 생각을 가지게 하는 분위기를 만들게 되면 그것만으로 벌써 아이디어는 정지되고 만다. 제출된 의견이나 아이디어에 관한 평가라든가 결론은 뒤로 미루어두었다가 해도 무방한 것이다. 가장 서투른 것은 제출되는 발언 하나하나를 부정하는 따위의 일이다. 특히 나쁜 것은 직장 회의 같은데서 상사가 그렇게 하는 일이다. 그 사람으로서는 상급자의 입장에서 발언을 도와주었다고 생각할른지 모르겠으나, 아이디어는 이미 그것으로 정지되고 만다. 회의 참가자의 한 사람의 발언이 비록 실소를 샀다고 하더라도, 「……방금 있은 A씨의 의견은 좀 비약한 생각일지는 모르나 이것도 역시 한 가지 의견이라고 생각됩니다. 조금 다른 관점에서 무슨 의견은 없으십니까?」라고 말함으로써 실소를 샀다고 해서 부정하는 것이 아니라 일단은 받아들인 뒤 다시 다른 각도에서 의견을 구하는 것도 하나의 방법이다.

 회의 참가자 중에 입장이 다른 사람이나 분야가 틀리는 사람을 참가시키는 것도 아이디어를 구하는 데에는 도움이 된다. 동일한 입장에 선 사람끼리는 고정관념이 있기 때문이다. 요는 머리를 유연하게 해서 어떠한 의견에도 귀를 기울인다는 자세가 기톤이어야 한다.

평가와 반성

　회의에 참가해서 잘 했다, 만족한다라고 하는 충실감은 다음에 있을 회의에 대한 참가 의욕과도 연결된다. 시간이 없어 발언도 할 수 없었다, 내용도 별로 없었다, 혼란 뿐 불유쾌했다. 이러한 회의가 되어서는 다음 회의에는 나가고 싶은 생각이 없어지고 몹시 손해를 본 것 같은 기분이 된다.

　그러므로 참가자는 말할 것도 없고 회의를 소집한 사람이나 의장 등 모든 사람들이 오늘의 회의에 대해서 평가하고 반성할 것이 필요하다. 회의를 마친 뒤 비공식적으로 잠시 동안 서로가 그날의 회의에 관해서 평가하는 것도 좋은 일이다. 이렇게 해 두면 다음 회의에서는 서로가 주의해서 실패를 두 번 다시 되풀이하지 아니하게 된다.

　테이프에 녹음해 두었다가 그것을 다시 들어보는 것도 시간은 다소 걸리지만 효과적이다. 며칠 동안 계속된 회의의 의장직을 맡았던 어떤 사람이 하루의 회의가 끝난 뒤 그날 회의의 녹음을 듣고 다음 날에 대비했다는 말을 들려 준 적이 있다. 회의 중에는 깨닫지 못한 일이라도 녹음을 들어보면 얼마나 헛된 시간의 낭비와 실패가 있었던가를 알게 된다. 회의 중에는 잘 되고 있다고 생각하더라도 다시 들어보면 식은땀을 흘리게 되는 경우가 허다하다. 녹음한다는 것을 알리지 않고 회의가 끝난 뒤 모두에게 그것을 들려 준 일이 있는데 모든 사람이 머리를 긁적일 뿐이었다. 회의와 관계없는 사담이 들어 있기도 하고 하품소리까지 들어 있어서 「이건 누구일까?」하고 폭소를 자아내기도 했다.

 한 개의 의제에 몇 분이 소요되고 몇 분 동안의 토론이 있었던가, 발언 회수는 한 사람에게 몇 회였던가, 그리고 발언 시간은 평균 몇 분이었고 의장이 너무 많이 발언하지 않았던가, 주제로부터 탈선하지 않고 진행되었던가 등등 평가의 방법은 여러 가지가 있다.

 녹음하지 아니하고 마음속으로 반성해 보는 것도 좋다. 만약 이 평가나 반성 속에서 깨닫는 바가 있을 때에는 메모를 해 보는 것도 좋다. 회의 참가자로서 의장으로서 자기 나름대로 평점을 매겨보는 것도 좋다.

 「나는 의장으로서 특정인만을 지명하는 편이구나」「발언할 때는 좀 더 간단하게 말해야 하겠구나.」여러 가지 반성의 조목이 나올 법하다. 다음 회의에서는 이와 같은 반성을 충분히 살려 나가는 것이 바람직하다.

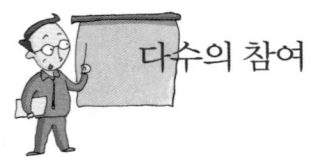

다수의 참여

 규모가 큰 회의에서 가장 어려운 점은 「발언」이다. 한 개의 의제에 한 사람이 1분으로 치더라도 50명이면 50분이 소비된다. 토론이 반복되거나 의제가 여럿 있게 되면 다섯 시간이나 열 시간이 있더라도 모자라는 셈이 된다. 더욱이 사람의 수가 불게 되면 그 소비되는 시간은 아마 천문학적 숫자가 될 것이다. 그러므로 사람 수의 증가에 따라서 회의의 형식도 자연히 달라져야 할 연구가 필요하게 된다. 전원의 발언이 무리하다면 대표자가 그것을 대행한다든가, 몇 개의 그룹으로 나누어 토론한다든가 그런 방법은 여러 가지가 있다.
 일반적으로 알려져 있어 회사나 조직의 회합에서 곧잘 채택되고 있는 것은 패널(좌담회), 디스커션(토론회), 버즈 세션, 심포지움 등이 있다. 이들의 형식과 운용에 관해서는 앞에서 설명한 바 있으나 규모가 큰 회의에 참가하는 경우에는 특히 주의해서 배려하지 않으면 안 될 공통점이 있다. 그것은 발언도 하지 않고 또 하래야 할 수도 없는 회의 참가자에게 어떻게 참가 의식을 가지게 하고 그 결론이나 토론에 만족감을 주는가 하는 일이다.
 그래서 하나의 방법으로 말로는 하지 않지만 물건을 통하여 표현하는 방법이 고려된다. TV에서 흔히 보는 전광 표시판과 같이 단추를 눌러서 참가자의 의식과 생각을 한 순간에 명확하게 한다든가, 홍백의 부채와 같은 표시판을 참가자에게 주어 한 문제마다 붉은색과 흰색 중에서 한 가지 색깔을 표시하게 해서 그 비율을 내든가 하는 방법 등이 있다.

 홍백의 부채 방식은 이웃나라 일본에서 청년회의소의 전국 이사장 회의 때 썼던 방식으로 호평을 얻었다. 이것은 단상에 몇 사람의 비율 계산계가 있어 그 때마다 보드에 몇 퍼센트라고 쓴다. 익숙해지면 짧은 시간에 많은 문제를 처리할 수 있게 되고 부채를 올리고 내리는 일이 기분전환도 되어 기대 이상의 효과를 올렸다. 회중전등을 사용해서 회의장 안을 좀 어둡게 해 두고 같은 방법을 쓴 적도 있다.

홍백의 부채 방식은 이웃 나라 일본에서 청년회의소의 전국 이사장 회의 때 썼던 방식으로 호평을 얻었다. 이것은 단상에 몇 사람의 비율 계산계가 있어, 그 때마다 보드에 몇 퍼센트라고 쓴다. 익숙해지면 짧은 시간에 많은 문제를 처리할 수 있게 되고, 부채를 올리고 내리는 일이 기분전환도 되어 기대 이상의 효과를 올렸다. 회중전등을 사용해서 회의장 안을 좀 어둡게 해 두고 같은 방법을 쓴 적도 있다.

제9장
프레젠테이션를 성공으로 이끄는 방법

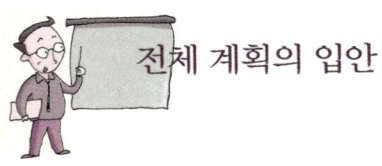
전체 계획의 입안

 무슨 일을 하든 먼저 시작의 단계에서는 계획과 준비가 중요한 것은 말할 것도 없다.
 특히 규모가 큰 회의를 개최하려고 할 때 그 처음의 계획이 치밀하면 할수록 그 성공률은 높아지게 마련이다. 극단적으로 말하면 회의의 전체 계획이 면밀하고 치밀하게 완성되어 있으면 벌써 그 시점에서 그 회의는 성공하였다고 말해도 무방할 것이다. 그렇기 때문에 회의의 전체 계획을 세우는 법을 알아두는 것이 필요하다.

 그 필수 항목을 다음에 열거하면
 ① 회의 일시의 결정
 ② 회의 장소의 결정
 ③ 참가 인원수의 예측
 ④ 전체적인 스케줄의 결정
 ⑤ 전 일정에 부수해서 개최되는 행사의 결정
 ⑥ 접수처의 배치
 ⑦ 명판과 자료의 준비
 ⑧ 주차장에 관한 일
 ⑨ 숙박이나 식사나 음식물에 관한 일

⑩ 대회장의 설영
⑪ 예산의 입안
⑫ 각 부문의 책임자 선정
⑬ 개최하려고 하는 대회의 목적과 의도
⑭ 부외자, 이를테면 내빈 등의 초청에 관한 일
⑮ 회의의 제기록

시간의 할당

　이상과 같은 각 항목을 중심으로 전체 계획을 입안하는 일이다. 그리고 회의의 규모가 크면 클수록 이와 같은 스케줄이나 전체 계획과 동시에 중요한 역할을 하는 것은 회의의 진행을 고조시키는「연출」이다.

　연출의 여하에 따라 같은 예산, 같은 인원을 투입하면서도 그 결과에 정반대의 차이가 나오고 만다. 따라서 연출에는 얼마간의 연구나 아이디어가 요구된다. 그리고 대 회의가 되면 인원도 많아지기 때문에 준비를 맡은 사람의 수도 많아진다. 그렇게 되면 명령이 고루 미치지 못하는 경우도 나오기 때문에 식전, 회의, 주행사 등의 리허설과 함께, 요원의 지도도 철저하게 실시해야 한다.

　리허설은 그 밀도와 반복에 의해서 불의의 사태 때 효과를 발휘한다. 그럼에도 불구하고 흔히 리허설을 대수롭지 않게 생각하여 간단한 협의만으로 끝내고 마는 사람이 많다. 필요 이상으로 반복해서 해 놓으면 막상 대 회의를 당면했을 때 불의의 사태에 대한 대응도 원만하게 되므로 반드시 그 노고의 집적이 회의 종료 후에 빛날 것임에 틀림없다.

　많은 사람이 움직이는 경우, 군대와 같이 호령 하에 움직이는 것이더라도 하나하나의 각기 다른 생각이 선행하고 말아, 뜻하지 않은 실패를 야기시키는 일이 있다. 군대처럼 사전에 잘 훈련되어 있더라도 사람이란 지시대로 자기 생각대로만은 움직여지지 아니한다. 하물며 대 회의와 같이 가지각색의 사람들이 관계되는 경우에는 되풀이해서 사전에 행동해 보고 실제에 임했을 때에 대비해서 숙달하여 두지 않으면 안 된다.

 큰 회의가 되면 될수록 그 전체 계획의 입안은 경험자나 전문가에게 위임해 보는 것이 타당할지도 모른다. 그래서 전체 계획이 작성된 시점에서 그것을 토대로 하여 대회 관계자가 살을 붙여 보완하는 것이 최상의 방법일 수도 있을 것이다.

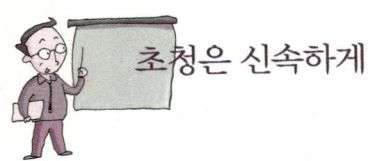
초청은 신속하게

　현대인은 항상 시간에 쫓겨 살아가며 바쁘다. 대 회의를 개최함에 있어서 비록 그것이 통례적인 것이더라도 참가자에게는 저마다 사정이라는 것이 있다. 따라서 높은 출석률을 바란다면 그 개최 통지는 가능한 한 빨리 해 두는 것이 가장 좋다. 그래서 당일이 가까워짐에 따라 번거롭기는 하나 최촉이나 확인의 절차를 두세 번 되풀이하면 반드시 참가 인원도 많아질 것이고 또한 참가하는 사람의 의식도 고양될 것이 틀림없다.
　참가자에 대한 조속한 초청장은 봉투에 넣어서 보낼 필요는 없다. 물론 엽서 한 장으로 충분하다.
　대 회의에 참가하는 조직의 구성원은 부외자와는 달리 대회 그 자체에 관심을 가지고 있으므로 의욕적으로 참가하려고 하는 적극적인 마음가짐이 엿보이지마는 부외자라고 할 수 있는 내빈이라든가, 강사, 어드바이저라든가 하는 사람은 대 회의에 기울이는 관심과 열의는 어느 쪽인가 하면 낮은 것이 당연하다. 특히 내빈의 의식은 희박하여 지사, 시장, 국회의원 각종 단체장 등은 내빈 노릇을 많이 하기 때문에 대 회의에 대한 관심보다는 오히려 의리로 출석하는 경우가 많다. 출석하여 얼굴만 보이면 된다고 하는 생각인 것이다.
　그러므로 명심해야 할 것은 이「조속한 초청」인 것이다. 3개월이나 반 년 앞의 일이더라도 어포이트먼트(약속)를 받아놓는다는 뜻에서라도 일단은 「조속한 초청」이 필요하다. 뒤따라 「초청」을 계속 되풀이하는 것은 그 조직이 내빈에 대한 열의를 나타냄과 동시에 초청을 받은 내빈으로 하여금 그 대 회의에 대한 관심을 환기시키는 작용도 되는 것이다.

이렇게 해서 부득이 출석하게 된 내빈이라도 막상 대 회의에 임하게 되면 다만 의리로 출석한 때보다는 절로 그 심정이 달라지게 마련이다. 축사 하나를 받는 데에도 그 내용은 훨씬 달라질 것이고 피가 통하는 말이 될 것이 틀림없다.

대 회의에 한하지 아니하고 이 「조속한 초청」이라고 하는 것은 지금의 바쁜 세상에 있어서 중요한 포인트가 될 것이다.

설영단계의 주의점

　회의의 성공 여부는 「회장의 설영」이 충분히 되었는가 아닌가에 달려 있다.

　특히 많은 사람이 모이는 회의에서는 설영의 잘되고 못됨이 회의의 성공 여부에 큰 영향을 끼친다. 세밀하고 가려운 데에 손이 미치도록 배려된 설영이면 회의 자체의 내용과 상응하여 상승 작용을 일으켜 반드시 성공하기 마련이다. 예를 들자면 무대가 있다고 하자. 그 무대를 만드는 것도 물론 중요하지만 그것에 관련해서 국기라든가, 조직의 기, 나아가서는 슬로우건, 간판 따위를 조화 있게 배치함으로써 시각적인 분위기의 효과를 한층 돋우면서, 그 회의의 목적이나 의도까지도 참가자에게 재인식시킬 수 있는 것이다.

　국기는 참가자들이 바라보아서 왼편에 회기가 있으면 그 오른편에 거는 것이 통례이다. 국제회의 같은 데에서는 국기를 벽면에 붙여 거는 일은 없다. 반드시 깃대에 달아서 국기를 걸도록 설치한다.

　사회자석, 연단, 내빈 등 부외자가 앉는 자리는 그 인원수에 맞추어 배열하면 책상의 위치도 정해진다.

　참가자의 입장에 서서 설영을 생각한다면 그 대 회의장의 무대 장치도 중요하지만 대 회의의 「얼굴」이라고도 할 수 있는 접수처의 잘되고 못됨이 참가자의 심리를 지배하게 된다.

그 설치의 방법, 담당자의 태도, 저항감 없이 접수처를 통과할 수 있는가 어떤가…… 등 그 첫인상이 회의에 대한 만족감을 좋게도 나쁘게도 유도하게 된다. 그러므로 그 장소는 잘 점검하도록 유의하지 않으면 안 된다. 따라서 접수처는 그 접수하는 대상에 따라 각기 장소를 설치하는 것이 좋다.

내빈을 위한 접수처와 임원용의 접수처가 있고 일반 참가자를 위한 접수처가 있도록 구별해서 설치하는 것이 바람직하다. 이렇게 해 두면 가슴에 다는 리본이나 명찰 혹은 자료 같은 것을 주고받는데 혼란이 일어나는 일도 없게 된다.

특히 몇 백 명, 몇 천 명이나 되는 대회의가 되면 가슴의 명찰을 건네주는 데에도 접수하는 쪽에서 보면 반대 방향(곧 참가자 측에게 이름이 읽혀지도록 놓는다)으로 놓여 있을 뿐 아니라 분량도 많기 때문에 어찌할 바를 몰라 하는 광경을 흔히 볼 수 있다.

이것은 시간의 낭비이다. 이와 같은 때에는 접수계원이 명찰을 찾아서 건네줄 것이 아니라, 접수를 마친 참가자가 스스로 자기의 것을 거기서 찾아서 달도록 협력을 구하는 방법은 어떠할까. 접수계원이 참가자의 이름을 찾기보다 참가자 자신이 찾는 편이 훨씬 빠를 것이다. 자기의 이름은 자기 자신에게 가장 친숙한 것이기 때문이다.

다만 내빈의 경우는 그렇게 되지는 않을 것이다. 내빈한테 대해서 그렇게까지 하도록 하는 것은 예의에 벗어나는 흠이 된다. 이 경우에는 리본이나 명찰은 본인이 집어서 가지더라도 가슴에 다는 것을 도와줄 여성을 배치해 두어 그 여성이 서비스하도록 하면 된다.

필자가 약 500명의 출석자를 초대하여 기념회를 개최했을 때 이 방법을 채용해 보았다. 덕분에 접수는 순조롭게 진행되어 별다른 혼란이 일어나지 않았다. 이 방법을 권장하는 까닭이 여기에 있다.

배치요령

배치는 기본적으로 알기 쉽고 혼란을 가져와서는 안된다. 대회장의 각 기능 장소 및 좌석 배치 등 기본적으로 신경 써야 할 것이 많다. 이는 가능하다면 대회 자료 속에 인쇄해 둘 정도의 배려가 바람직하다.

사람들이 모이는 장소는 특히 많이 모이면 반드시 문제가 생기게 마련이다. 흡연실, 화장실, 전화, 구급, 연락 안내, 교통 기관 따위의 안내이다. 이 점에 충분히 유의해서 참가자가 거리낌 없이 그 목적의 장소에 갈 수 있도록 배려하지 않으면 안 된다.

설영의 단계에서는 참가자의 수에 상응하는 이와 같은 설비가 과연 완비되어 있는가를 반드시 점검해 두지 않으면 안 된다. 특히 화장실의 문제는 소홀해서 안 될 중요 사항이다. 몇 사람밖에 소화시킬 수 없는 화장실일 것 같으면 대부분의 사람은 줄을 지어 기다려야 하게 될 것이므로 시간적인 안배는 말할 것도 없고 회의를 지연시키는 원인도 되어 혼란을 불러일으키지 않는다고 장담할 수 없다.

또한 많은 인원수가 모이는 대 회의장에서는 확성 설비도 잊어서 안 될 설영의 한 가지이다. 최근에는 오디오 관계의 눈부신 발전으로 상당히 우수한 기기가 쓰이게 되었다. 그러므로 성능적으로나 기능적으로는 조금도 걱정이 없을 것 같이 여겨지지만 그렇더라도 그 조정에 미비한 점이 있으면 회의에 지장을 줄 것은 말할 필요가 없다. 마이크도 단순히 연단과 사회자에게만 놓을 것이 아니라, 한 개쯤 여분으로 가지고 있어야 할 것이다. 물론 음량 조정을 잘 해 두어 나중에 그곳에서 시끄러운 소음이 들리지 않도록 사전 체크도 잊어서는 안 된다.

참가자의 정위치를 나타내는 「좌석도」도 때로는 필요하다. 자유석이더라도 일반석과 특별석의 구분이 필요한 경우에는 누가 보더라도 한 눈으로 알 수 있게끔 표시를 해 두어야 한다.

회장의 설영의 아이디어로서 필자를 감탄하게 한, 한 가지 추억이 있다. 얼마 전에 어떤 회의에서의 일이다. 개회 30분에 앞서 모든 출입구를 닫아버렸다. 무슨 일인가 하고 불안을 느꼈는데 조금 있더니 회장의 사방으로부터 고아한 향기가 스며들기 시작하여 방안을 채웠다. 그리고 나서 개회 10분 전부터 참가자 전원을 입장시켰던 것이다. 회장에 가득 찬 고아한 향기를 맡으면서 참가자 전원이 고아한 기분에 젖었던 것은 두 말할 필요가 없다. 사람의 행동이라는 것은 항상 「오감」에 의해서 좌우된다. 이 아이디어는 오감, 특히 취각에 대한 자극을 강조했던 것이다. 그윽하고 고아한 향기라는 것은 사람을 그러한 기분이 되게 한다고 하는 좋은 보기가 아닐까.

아시다시피 사람이 많이 모일 때에는 뜻밖의 사태가 일어나는 경우가 있다. 소위 불의의 사고인 것이다. 넓은 구기장에 관객이 만원을 이루고 있다. 그 가운데서 단지 한 사람이 발을 헛디딘 것으로 많은 사람들이 눈사태 현상을 일으켜 심지어는 죽는 사람, 중경상을 입는 사람이 많이 나왔다는 뉴스는 가끔 신문 같은데서 볼 수 있다.

이와 같은 일이 일어나지 않도록 경비와 정리를 담당하는 인적 배치도 필요하다. 고르지 못한 계단이라든가, 예측 못할 경사진 곳이 있는 회장에서는 같은 리듬으로 걷고 있으면 뜻하지 않는 장애가 생기기 쉽다. 만약 한 계단만 보폭이 틀리는 곳이 있다고 가정하자. 가만히 보고 있으면 거기에 발을 내디딘 사람은 열 사람이면 다섯 사람까지가 왠지 몸을 휘청하게 될 것이다. 똑똑히 발밑을 본다면 그 보폭의 틀림을 깨닫게 될 터인데 사람의 습성이라고나 할까, 걸어온 계단의 보폭이 의례 같으려니 생각하고 확인도 하지 않고 먼저 발부터 내밀고 만다. 회의장 안에 그와 같은 곳이 있으면 설영할 때 충분히 손을 보아 두는 것이 좋다.

 그리고 각종 대 회의에서는 표창이나 인사말 같은 여러 가지 행사가 있는데 이 때 단상에 있는 사람이 어딘지 모르게 어색해 하는 광경을 이따금 보게 된다. 그것은 어떻게 걸어서 정면에 가면 될 것인가 하는 것이거나 또한 물러날 때 어디로 가는 것이 좋을는지 모르는 상황에 놓인 경우가 많은 듯하다. 대 회의의 직접 관계자까지도 많은 청중 앞에 서게 되면 냉정을

잃어 당황하게 마련이다. 자기가 갈 방향을 잃어버리는 수도 있다. 필자는 이와 같은 일이 일어나지 않도록 특히 단상에 선 사람이 나이 많은 사람인 경우에는 무대 위에 백묵으로 큼직하게 위치를 그려 두고 방향도 표시하여 그 사람이 어디를 어떻게 걸어가는 것이 좋은가를 똑똑히 알 수 있도록 한 적이 있다. 이것은 매우 효과가 있어 나중에 고맙다는 인사를 받기도 했다.

한 번 더 말해두자. 「성공하는 회의」는 먼저 설영에 있다는 것을…….

예산의 입안

회의 규모에 따라 경비의 규모가 좌우된다. 그러므로 수지 균형을 어떻게 잡는가 하는 것은 주최자가 가장 고심하는 대목일 것이다. 그러나 조금만 마음을 쓰면 낭비를 줄이게 되며 같은 규모의 회의를 함에 있어서도 그 쓰는 방법에 따라서는 효과를 갑절로 올릴 수 있는 것이다.

「돈을 살려서 써라」라고 하는 말이 있지만, 예산을 세울 때에는 이 말을 마음에 새겨 실행하는 것이 바람직하다. 요는 수지의 균형을 어떻게 맞추는가 하는 것과 규모가 확대됨에 따라서 눈에 보이지 않는 지출이 늘어난 것을 알아두는 일이다. 특히 사람이 많이 모이는 경우, 예상외로 예산을 갉아 먹는 것이 「음식비」이므로 이 점도 사전에 머릿속에 새겨두는 것이 좋다. 회의가 개최되는 장소에 따라서는 세금이나 봉사료 등을 물게 되므로 미리 예산에 넣어두지 않으면 나중에 큰 차질이 생기게 된다.

눈에 보이지 않는 지출이라고 하면 「간접비」나 「교통비」도 경시할 수 없다. 특히 대회 관계자가 쓰는 노동력을 생각하면 그것도 방대한 것이 된다. 자기가 관계하는 조직이 주최하는 대 회의라면 그 노동력에 관해서는 무상 제공이므로 예산에 계상할 필요가 없지만 이른바 시간으로 쳐서 급여를 지급하는 조직의 경우는 그 비목을 예산에 넣어두지 않으면 야단이 난다. 회의 자체의 수지는 균형이 잡히더라도 회사 자체의 인건비가 증대하고 마는 결과가 되지 않는다고 보장할 수 없기 때문이다. 그러므로 「효율」이라는 것이 요구되는 것도 그 이유가 여기에 있다.

그리고 당초 예산을 삽입할 때 생각이 미치지 못했기 때문에 대회가 끝난 뒤에 청구서가 돌아오는 경우도 있다. 대단한 금액은 아닐는지 모르나, 대회 관계자가 개인적으로 이체한 비용, 이를테면 전화료나 택시 요금 등의 정산 청구의 금액이다. 수지를 마감한 뒤에 이러한 추가 청구가 있으면 예산을 맡은 담당자는 당황하고 말게 되는데, 이와 같은 비목은 미리 예측할 수 있는 것이므로 미리 예산에 넣어두어야 할 것이다.

예산의 입안에 관해서는 눈에 보이지 않는 경비를 충분히 예측해서 그것을 될 수 있는 한 줄이도록 노력하는 것이 바람직하다.

그리고 본예산 자체를 흔들리게 하지 않기 위해서도 추가 청구가 생기지 않도록 면밀한 비목 설정에 배려하지 않으면 안 된다.

날씨에 대한 사전준비 방법

　대회라든가 행사는 전천후 형이 아니면 위험의 여지가 있다. 날씨가 맑을 것을 믿고 회장을 설영하였는데 비가 왔기 때문에 효과가 현저하게 손상되고 내용도 혼란을 면하지 못했으며 쓸데없는 지출에 쫓기다마는 쓴 경험을 할 때가 있다. 특히 야회에서 무슨 행사를 열고자 할 때에는 날씨의 변화에 대해서 언제라도 대응할 수 있는 대책을 준비해 둘 필요가 있다.

　회장을 옥내에 설영했기 때문에 비가와도 안심이라고만 할 수는 없다. 비 때문에 옥내의 대회가 큰 혼란에 빠진 예를 필자는 알고 있다.

　그것은 그 회장이 가까운 여러 교통 기관으로부터 멀리 떨어져 있었기 때문이었다. 회장 그 자체는 옥내이므로 아무런 문제도 없었지만, 회장으로 오기 위한 택시나 그 밖의 교통기관이 비 때문에 혼란을 일으키고 말아, 정각이 되어도 사람이 모이지 않았던 것이다. 말하자면 출발부터 실패한 것이나 다름이 없었다.

　모이지 않았던 것이 일반 참가자였다면 몰라도 그 대회의 기둥이 되는 임원이라든가, 빠져서는 안 될 인물이 지각하고 말았던 것이다.

　이와 같이 대회를 이끌어 갈 불가결의 인물, 이를테면 대회 임원은 말할 것 없고 강사나 중요한 내빈과 같은 사람들이 먼 곳으로부터 참가하는 경우에는 모든 일을 예측해 두지 않으면 안 된다. 눈 때문에 열차가 끊어져 회장에 도착하지 못했다든가, 비 때문에 비행기가 결항했다든가, 상식적으로는 틀리지 아니한 이유로 부득이한 일일지 몰라도 실제에 있어 그 인물이 정각에 회장에 모습을 나타내지 않는 한, 주최자나 참가자에게 있어서는 곤혹을 겪을 따름이다. 극단적으로 말한다면 그 대 회의의 의미마저 잃는 셈이 되는 것이다.

　대회나 행사의 주최자는 단순히 일반 참가자에 대한 날씨 대책뿐 아니라, 그 대회의 관계자, 특히 중요 인물에 대한 대책도 충분히 세워 두지 않으면 안 된다.

　만부득하여 야외를 이용하지 않으면 안 될 때에는 최악의 사태를 예측해 둔다. 비닐우산을 준비하는 등 충분한 배려를 해 두어야 한다.

　전국적인 규모의 대회를 개최할 때에는 그 대 회의의 주요 관계자쯤은 회의 전날부터 회장 가까운 호텔 등에 숙박시켜 어떠한 사태가 일어나더라도 참가할 수 있도록 하는 대책도 강구해 두어야 한다.

　그리고 주최자로서 명심해 둘 일은 비록 그 당일이 비가 오든 맑든 간에 참가자에 대한 진심어린 위로와 감사의 태도를 가지는 것이 필요하다.

　필자가 정기적으로 참가하는 어떤 대회에서 그 날 비가 온 일이 있다. 날씨 대책을 강구해서 설영해 두었기 때문에 대회 그 자체는 혼란이 일어나지 않았다.

　솔직하게 말해서 맑은 날씨 때와 비교한다면 그 효과는 반감되었다는 것을 아니라고 말할 수 없다. 그러나 회의 참가자들은 나중에 가서도 매우 만족하고 있었다. 그것은 주최자측이 빗속을 함박 젖으면서도 참가자에 대해서 성심성의를 다하여 책임감있게 해내었기 때문이었다.

 새로 맞춘 양복을 비에 적시면서 조금도 개의치 않고 대해준 일, 회원 부인이 비를 맞으면서 접대한 일 등, 주최자 측의 진심어린 태도에 참가자도 감동하게 되어 대단히 인상적인 대회로 끝났다.

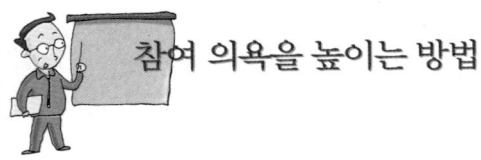
참여 의욕을 높이는 방법

　대회 주최자나 중요한 인물은 그 대회에 공을 들이게 되고 이에 따라 참가 의욕이 높기 마련이다. 그러나 백 명 이상의 대회가 되면 그 가운데는 의무적으로 참가해 오는 사람도 많아진다. 차라리 그런 사람들은 대회에 참가한다기보다는 관광을 겸한 나들이로 생각하고 오는 부류이다. 사람의 수가 많아지면 많아질수록 그런 부류의 숫자도 증대한다.
　어떻게 하면 참가 의식을 북돋울 수 있는가.
　비단 회의뿐 아니라 인간의 참가 의식 고양은 자기가 다른 사람으로부터 인정받을 때 비로소 고개를 쳐들게 된다. 어떤 뜻인가 하면 많은 참가자 가운데서 비록 한 마디도 발언하지 않더라도 소개를 받는다거나, 아니면 다른 어떤 형태로든 그 존재가 확인되는 경우, 아아 참가하기를 잘 했구나 라고 생각하게 되는 것이다.
　퍽 오래 전의 이야기인데 필자의 결혼식 때의 일이다. 많은 친구들을 필자가 맡고 있는 절간에 초대한 일이 있다. 그 중에는 사회적으로 이름이 알려진 사람도 몇 분 참가해 주셨는데 그 가운데 뜻밖의 사람이 꼭 한 사람 참가해 주셨다. 그 때문에 준비해 둔 식사가 일인분만 부족하게 되어 부득이 필자의 친한 친구에게 사정을 설명하고 양해하여 줄 것을 부탁했다. 그랬더니 그는 매우 불만스러운 태도를 보였다. 그때는 「한 끼쯤 먹지 않더라도 괜찮지 않겠나, 이 사정을 이해하고 양보해 주었으면 좋겠는 걸 ……」하는 생각이 들기도 했다. 그러나 지금에 와서 생각하면 식사가 없다는 것은 그 친구가 앉을 자리가 없다는 뜻이 되므로 그것은 곧 존재 가치가 상실된 것과 다름이 없었다. 비록 음식이 없더라도 「자리」만은 확보해 주었더라면 좋았을 것이다. 그랬더라면 다른 각도에서 그 친구도 이해해 주었으리라고 지금도 뉘우쳐진다.

 본론에 돌아가서 그러면 대회 참가의 경우에는 어떻게 하면 존재 가치를 높여 줄 수 있는가, 곧 참가 의식을 고양시킬 수 있는가? 그러기 위해서 오직 한 가지, 참가한 사실을 공표해 주는 일이다.

 라이온즈 클럽, 로터리 클럽, 청년회의소, 그 밖에 전국조직을 가진 많은 단체가 우리나라에는 있다. 그러한 대회에 참가했을 때에는 한 사람 한 사람의 소개를 하는데 그치지 아니하고 참가 클럽이나 참가 조직의 소개도 행해지고 있다. 그러나 참가 인원이 많거나 그 회의 형태가 커지게 되면 이러한 작업은 매우 많은 시간을 소요하게 된다. 그렇게 때문에 주최자측은 솔직히 말해서 그 멤버 소개를 생략하고 말려고 생각하게 되는 것이다.

 사실 그런 생각에서 멤버 소개가 생략된 대회가 개최된 적이 있다. 하필 그런 때에 한해서 대회가 끝날 무렵에 귀를 기울이고 있으면 똑같이 참가자 모두에게서 어딘지 모르게 불만스러운 기색을 엿듣게 된다.

 일반 참가자라는 것은 이렇다 하게 눈에 뜨이는 존재는 아니다. 그렇다고 해서 용기를 내어 발언함으로써 존재 가치를 인정받으려고도 생각하지 않는다. 그런데도 역시 참가했다는 사실에 대해서는 인정을 받고자 하는 의식이 잠재적으로 존재하고 있는 것이다. 그러한 기분을 집약해 보면 참가한 자기의 조직이나 단체 단위로도 무방하니 이름이나 명칭이 일괄 소개되어, 그때 「예」하고 일어서는 그 순간을 즐거움으로 여기고 참가하고 있다는 것을 알게 된다.

 어떠한 형태로든 참가자를 승인해 주는 방법을 생각하지 않으면 안 된다. 일일이 소개하는 것이 시간적으로 무리라면 그 조직과 개인의 이름을 큼직하게 표시해 두든가 대회 명부에 기재해 두는 따위의 배려가 바람직하다.

자료 준비의 기능

회의에 있어서 가장 중요한 요소는 참가자의 지식을 같은 수준에 두는 일이다.

그러기 위해서는 「회의를 위한 자료」가 크게 효과를 발휘한다. 수많은 참가자가 모이는 회의면 더욱 그러하다.

그러나 그 자료의 준비 방법에도 여러 가지가 있는데 참가 당일이 되어 몇 십 페이지나 되는 자료를 받게 되면 전부를 다 읽어내지 못할 것이고 더군다나 빠짐없이 이해한다는 것은 무리한 노릇이다. 따라서 당일의 토의에 불가결한 자료가 있으면 사전에 배부해 두는 것이 필요하다.

부득이한 사정으로 당일에 배부해야 할 경우에는 되도록 자료를 간략하게 해서 문장을 줄이고 그 대신에 도해나 사진 따위를 많이 넣어서 한 눈에 이해될 수 있도록 하는 연구와 편집이 요구된다.

같은 인쇄를 하는 데에도 조금만 배려를 기울이면 그 자료는 훨씬 돋보이게 되며 효과도 오른다. 아무튼 숫자의 나열은 좋지 않다. 요는 읽혀진다는 것, 그리고 이해되어지지 않는다면 자료로서의 의미를 가지지 못한다는 사실을 깊이 명심해 두어야 한다.

자료뿐 아니라 예산이 허용한다면 필기도구 등을 포함해서 당일에 사용되는 것을 참가자에게 배부해 주면 주최자 측의 열의와 친절을 보여 주는 일이 된다.

 필자는 과거에 헤아릴 수 없을 정도로 많은 대 회의에 참가했지만 그 중에서 아이디어를 짜내어 흠잡을 데 없을 만큼 준비를 갖춘 회의는 지금 생각해도 잊혀지지 않고 기분이 좋은 것이다.

 주어지는 자료가 회의를 위한 자료여야 함은 물론이지만 그것에 부수해서 교통기관의 안내, 회장 안내, 시간표, 그리고 숙박 안내서까지 갖추어져 있다면 참으로 빈틈이 없을 것이다. 이것은 그다지 예산을 들이지 않아도 참가자에게 있어서는 매우 고마운 것들이 자료로서 배부되어 있는 것이다.

 이것은 오직 주최자의 마음가짐에 달려 있다고 생각된다. 접수처에서 자료를 받게 되면 그 행사에 대한 주최자의 열의와 배려가 판단되며 그것이 만족할 수 있는 자료이면 더욱 회의 참가에의 의욕도 자연히 높아지게 되는 것이다. 회의를 위한 자료에 더욱 세심한 신경을 쓰도록 하자.

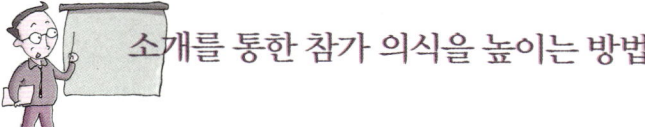

소개를 통한 참가 의식을 높이는 방법

앞의 항에서 참가자의 참가 의식을 높이는 수단으로 참가자의 존재를 회의 참가자 전원에게 승인 받게 하는 일이라고 말했는데 실상 참가한 사람에게 있어서는 전원에게 소개되는 일은 반가운 일이며 또한 그 대회에 달려온 보람이 있었다고 기뻐하는 것이다.

그러나 최근 대회의 참가자를 전체에게 소개하는 절차가 너무 형식적이 되어 어딘지 모르게 주최자 측의 마음이 멀어져 피가 통하고 있지 않다고 느껴지는 일이다. 조직 이외의 내빈이나 부외자 등을 소개함에 있어서도 그러하다. 흔히 규모가 큰 회의가 되면 시간의 제약이 있어 그야말로 일분일초를 다루는 타임 스케줄을 소화시키지 않으면 안 된다. 그리고 그렇게라도 하지 않으면 모든 으사일정을 소화시키지 못한다. 그래서 시간이 없다고 해서 내빈을 소개할 때 사회자는 흔히 이와 같은 틀에 박힌 것 같은 말을 한다.

「지금부터 내빈을 소개해 드리겠습니다. 성명을 말씀드리면 일어서 주시기 바랍니다. 그리고 박수는 내빈 여러분의 소개가 끝난 뒤 한꺼번에 해 주시기 바랍니다.」

하기야 기능적이고 시간을 단축시키는 좋은 방법이다. 그러나 솔직하게 말해서 이렇게 하는 것은 너무도 의무적으로 그치는 것이 아닌가 생각된다. 내빈으로서 출석하고 있는 사람의 입장에서 본다면 그다지 유쾌한 일이 되지 못한다. 사회자로부터 강요받고 있는 것 같은 박수 따위는 결코 기쁜 것이 되지 못한다. 한 사람 한 사람이 소개될 때마다 마음에서 우러나는 박수를 받아야만 비로소 내빈으로서 참가한 보람을 느끼게 되는 것이다.

그런 것을 시간이 없다고 해서 일괄 처리해 버리려고 하는 것은 아무리 생각해도 납득할 수 없으며 마음이 담겨 있다고는 생각되지 않는다. 사실 많은 내빈을 소개하면서 일일이 회의장으로부터 박수를 받고 있으면 시간이 걸리는 것은 명백한 일이다. 그렇다고 해서 이것을 무작정 커트하여 마지막에 일괄해서 박수를 치게 하는 것이 과연 타당한 일인지 매우 의문스럽다.

비록 100명의 사람을 소개한다 하더라도 얼마만큼의 시간을 쓴다는 것일까. 부외자에게 있어서 내빈의 자격으로 참가한다는 것은 참가 시간이 잠시 동안이더라도 거기에 이르기까지는 적어도 몇 시간 이상은 소요하였을 것이다. 바쁜 가운데 틈을 내어 참가하고 있는 경우도 있을 것이다. 거리가 먼 경우도 있을 것이며 하루나 이틀씩 걸려서 참가하고 있는 경우도 있을 것이다.

이와 같이 갖은 사정을 무릅쓰면서 참가하고 있는 부외자 혹은 내빈에 대해서 주최자가 너무도 형식이나 시간에만 집착하여 형식에만 그치는 박수를 보내는 것으로 끝내어도 좋은 것인가.

필자는 그렇게는 생각하지 않는다. 역시 자연스러운 형태로 개개인이 박수를 받도록 하는 것이 이상적이다. 비록 다른 스케줄을 다소 줄이는 한이 있더라도 박수를 치는 짧은 시간을 인색하게 해서는 안 된다고 여겨진다. 만약 소개할 사람이 너무 많아서 참가자가 너무 자주 손뼉을 치는 일이 너무 거북스럽다면 다음의 방법을 도입해 보는 것은 어떨까.

 내빈의 수가 많은 경우 먼저 내빈 다섯 사람의 성명만을 불러 소개한다. 이름이 불린 내빈은 차례로 일어선다. 그런 뒤 다섯 번째를 부르고 내빈이 기립했을 때 박수를 친다. 말하자면 소개를 몇 사람씩 구분을 지어 하는 방법인 것이다. 이 방법은 굳이 다섯 명으로 한정할 필요는 없다. 이를테면 행정 관계자나 경제 관계자 등과 같이 각각 그 분야별로 구분하는 방법도 무방하다. 그래서 그 때마다 자연스러운 형태로 박수가 일어나도록 사회자는 대회 참가자에게 사전에 부탁해 두면 된다.

 다만 이 경우 어떤 구분의 소개 방법이든지 간에 호명된 내빈은 그 때 일어서야 하겠지만 이내 앉지 말고 구분별의 내빈 전원의 소개가 끝날 때까지 그대로 선 채로 있는 것이 바람직하다. 그리고 그 선 자세대로 회의장으로부터 박수를 받는 것이 옳다. 호명되어 한 번 섰다가 다시 앉는 행위를 되풀이한 뒤 앉은 채로 박수를 받기보다는 그렇게 하는 편이 훨씬 효과적이며 소개된 내빈들도 만족을 느끼는 법이다.

 또한 내빈의 수가 많을 경우에 흔히 볼 수 있는 좌석의 배치 방법으로 일반석 속에 내빈석이 만들어지는 일이 있다. 이 자리에 있는 내빈을 소개할 때 문제가 있다.

 대개 이런 경우에는 사회자가

"그 쪽에 내빈 여러분께서 나와 주셨습니다만 시간 관계상 일일이 소개드리지 못합니다. 죄송합니다만 내빈 여러분께서는 일어서 주시기 바랍니다. 회의장의 여러분 박수를 해 주시기 바랍니다."

이와 같이 소개하는 수가 흔히 있는데 이것도 생각해 볼 문제다. 너무 형식적이고 형편만을 의식한 소개 방법이다. 적어도 성명 정도는 불러주는 배려가 필요하지 않을까.

음식제공

「음식 끝에 마음 상한다」 말이 있지만 그것은 사실이다. 여러 가지 회의에 자주 참가하고 있는 사람들에게 물어본 적이 있다. 「어떤 점이 좋았는가?」하고 물으면 이때에는 모두가 똑같이 「음식물이 맛있었다」라고 대답했다.

종국에 가서 대다수의 일반 회의 참가자의 의식은 이 어림에 귀착하는 것인지도 모른다. 그래서 회의 종료 후에 조사해 보면 과연 회의의 인상을 크게 좌우하고 있는 포인트에 「음식물」이 들게 되는 것이다.

따라서 음식물을 제공하는 회의에서는 그 내용에 관해서 여간 엄선하고 음미한 것을 내어 놓지 않으면 안 되는 결과가 된다. 물론 맛있는 것을 제공하는 것이 제일이지만 그에 앞서 기본적으로 참가자 전원에게 고루 음식물이 제공되는 일이다.

어떤 대회 때의 일이다. 회의 그 자체는 훌륭한 내용과 분위기 속에 끝이 났지만 그 뒤의 일이 좋지 않았다. 잇따라 열린 간친회의 자리에서 제공된 음식물이 모자랐던 것이다. 왜 모자랐던가……. 처음부터 준비 부족도 있었던 것 같지만 문제는 다른 이유에서였다. 회의가 아직 진행 중이었음에도 불구하고 도중에 간친회의 회장을 개방하고 말았던 것이다. 그 때문에 회의장을 빠져나온 참가자가 마침 잘 되었다는 식으로 차려놓은 음식물을 거의 처분하고 말았기 때문에 의사일정대로 회의에 참가한 멤버가 간친회 자리에 도착했을 때에는 이미 남은 것이 얼마 되지 않았던 것이다.

 정직하게 회의에 참가한 멤버들은 아무것도 먹지 못하고 도중에 빠져 나온 불성실한 사람들이 배부르게 먹었다고 하는 웃지 못 할 결과가 되고 말았다. 그런 연유로 해서 이 회의에 참가한 멤버들로부터 한결같이「배를 곯았다.」라는 말이 나와 결과적으로「그 대회는 실패였다.」라고 하는 불명예스러운 딱지가 붙고 말았던 것이다.

 사소한 차질이 묘한 소문을 불러 일으켜 한 순간에 성공에서 실패로 이미지를 바꾸고 만 것이다. 우리들 참가자로서도 주최자의 원통해 하는 심정을 충분히 이해하고 남음이 있으나 이와 같은 사태가 발생하면 우선 주먹밥이라도 좋으니 한 사람 한 사람이 고루 입에 넣을 것을 제공하도록 해야 할 것이다. 먹을 것이 입 안으로 들어가기만 하면 사람은 마음이 가라앉는 법이다. 하기야 한 끼쯤 먹지 않는다고 해서 당장 어떻게 되는 것이 아니라는 것쯤은 알고 있다. 그러나 다른 사람은 배가 차 있는데 같은 입장에 있는 자기는 먹을 것이 전혀 없는 처지에 서면 마음이 상하고 괜히 손해를 본 것 같은 기분이 되는 것이다. 그리고 소박하고 본능적인 감정이 이윽고 반감으로 나타나게 된다는 것을 알아두어야 한다. 음식물이란 것은 실로 무서운 것이구나 하는 생각을 통감하게 한 일례이다.

 일반적으로 뷔페 형식을 채용하는 간친회라면 그 참가자의 80퍼센트의 요리를 준비하면 충분하다고 말해지고 있다. 참가자가 100명

있으면 80명분의 요리를 주문해 두면 되는 셈이다. 단 이것은 참가자가 동시에 그 자리에 들어가서 식사를 시작하는 경우의 일이고 식사의 개시 시간에 차질이 생기면 전원에게 똑같이 식사가 돌아가지 않게 되어 혼란을 초래하게 된다.

 그리고 회의에 참가하는 대부분의 멤버는 결코 호화롭고 맛있는 식사를 요구하고 있지는 않는다. 배가 고픈 어린 아이가 과자 몇 개를 받고 만족하는 것과 같이 무엇인가 배를 채워 주는 것을 제공한다는 것이 비결이다.

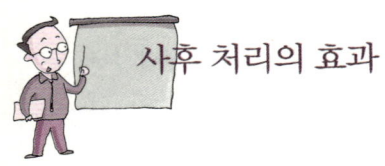
사후 처리의 효과

　회의는 폐회식과 동시에 끝나는 것이 아니다. 참가자에 대한 최후 어프로치 사후처리 또한 회의의 마지막이라고 상기하며 앞서나가야 한다.
　그 회의에 참가해 준 데 대한 인사라고나 할까, 그래서 한 통의 엽서를 참가자에게 우송한다든가, 또는 주최자측이 전화 한 통이라도 걸어서 예의를 차려 두는 일 이것이 그 대회의 성공의 여운을 남기게 하는 일이다.
　일반의 참가자가 많은 경우는 이러한 작업은 물리적으로 어려울지 모르나 이런 경우에는 적어도 내빈이나 부외에서 참가한 사람들에 대해서는 반드시 그 사후 처리를 깔끔하게 해 두어야 한다. 「뒤끝이 좋다」라는 것은 사후 처리를 잘 해 두는 일이다. 사후에 인사장이나 감사의 뜻을 나타내는 무엇인가의 행위를 취해 두는 것은 다음 집회에 다시 이 사람들의 참가를 기대할 수 있게 하는 것이다. 그리고 그 뒤끝이 좋은 효과는 부외자의 입을 통해서 각 방면에 알려지게 마련이다.
　설령 부외자에 대해서 회의 중 소홀함이 있었다손 치더라도 단지 이 한 통의 진심이 담긴 인사장만 전달된다면 그 모든 것은 얼음이 녹듯 풀리고 말 것이다. 실례가 있었으므로 다소 분개하고 있더라도 이 한

통의 편지에 접하게 되면 「아아, 그 때는 바빴기 때문에 할 수 없었던 게지」라는 기분이 되는 것이다.

 그런데 이렇다 하는 말 한 마디 없는 경우는 어떠하겠는가. 「사람을 불러 놓고 버릇없는 놈들 ······」이라고 하는 생각이 들 것이다.

 대부분의 사람들은 대회의 뒤치다꺼리라든가, 그 밖의 일에 쫓겨 좀체 그런 일에는 손이 미치지 못한다고들 한다. 과연 참으로 그러할까. 감사하는 마음만 가진다면 굳이 대회가 끝난 뒤 곧바로 서둘러 보내지 않아도 좋다.

 필자는 어떤 세미나의 강사로서 저명인사 20명 정도를 초대했는데 그 세미나가 끝난 뒤 제법 시간이 지나서 그 20명의 사람들에게 인사장을 친필로 써 보낸 적이 있다. 지금 생각해 보면 그 감사장을 좀 더 일찍 썼더라면 하는 아쉬움이 있기는 하다.

 그러나 그 편지는 큰 효과를 나타내었다. 전원이 저명한 강사였으므로 가지각색의 회합에 출석하거나 지도를 맡거나 하여 풍부한 경험을 가진 분들 뿐이었는데 이와 같이 인사장을 받아 본 것은 처음이라고 하는 답장을 주었다. 매우 놀란 모양이었다.

 대개 이와 같은 경우는 인사장으로 내면 그 행사는 끝나게 되는 것이 보통이다. 인사장에 대해서 다시 강사로부터 답장을 받는 일은 매우 드문 일이다. 그런데도 나는 반수 이상의 분들로부터 답장을 받았던 것이다. 필자로서는 그 세미나가 대 성공리에 끝났기 때문에 그 감동과 기쁜 마음을 감사하는 뜻으로 쓴 것에 지나지 않았던 것인데 말하자면 그 솔직한 마음의 표현이 강사들에게 호감을 준 것이었으리라. 덕분에 그 인사장 한 통의 왕래로 인해서 지금도 개인적으로 오랜 동안 교분을 유지하고 있는 분도 있다. 이 「뒤끝이 좋다」로 하는 것이 좋은 인간관계까지도 만들어 준다는 것을 나는 몸소 체험한 셈이다.

 내가 쓴 「뒤끝이 좋게 하는」 편지가 한층 더 효과를 올린 이유를 분석해 보면 그것은 친필이었다는 것에 귀결한다고 생각된다. 인쇄물이었어도 무방했을지 모른다. 그러나 역시 친필에는 미치지 못한다. DM, 곧 다이렉트 메일이라는 것이 세상에 범람하고 있지만 그 효과는 불과 몇 퍼센트에 지나지 않는다고 듣고 있다. 비싼 인쇄비를 물고 머리를 짜낸 디자인으로 꾸며 소비자에게 우송하는 셈이지만 그것을 받은 대부분의 사람이 숙독하거나 음미하는 일 없이 봉투를 뜯어 이별하고는 그대로 휴지통에 버리고 만다. 얼마나 헛된 일인가.

 그 중에는 봉투를 뜯어보지도 않고 곧장 휴지통으로 가는 경우도 있다. 만약 이것이 친필의 경우라면 어떨까. 혹은 전부가 친필이 아니더라도 그 중 한 줄이라도 친필로 쓴 글이 첨부되었더라면 어떠할까. 조금은 다른 모양으로 그 DM에 소비자의 눈이 머물 것에 틀림없다.

 이것은 모두가 「마음」이다. 마음이 통한다는 것은 상대방의 마음도 함께 움직이며 나아가서는 이와 같은 대회를 참되게 성공시키는 첩경이 아닐까.

제10장
프레젠테이션의 규모와 국제회의 하는 방법

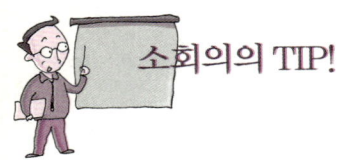
소회의의 TIP!

 회의인원은 몇 명이 적당할까. 회의는 혼자서는 할 수 없다. 그렇다면 두 사람인가 하면 이것도 회의가 아닌 상담에 지나지 않아 대화라고 하는 편이 적당하다. 첫째로 다수결이라고 하는 결정을 할 수 없다. 사회자도 없다. 두 사람의 의견이 다르면 결렬될 수밖에 없다. 그러므로 회의라고 하면 적어도 세 사람 이상이 아무래도 필요하게 된다. 세 사람 가운데 한 사람이 의장이 되고 두 사람이 토론을 한다. 결론이 가라지는 경우는 의장이 재단한다. 그러므로 소회의란 3인 이상 7인쯤 까지를 가리키게 될 것 같다.
 7이라는 숫자는 신비한 숫자로 사람이 모여서 하나의 힘을 발휘하는 데 꼭 맞는 숫자이다. 이유가 무엇이냐고 묻는다면 확고한 과학적 근거가 있을 리는 없다. 과학적인 해답이 나올 리 없지만 이것은 경험에 의한 지혜라고 밖에 말할 수가 없다. 「럭키 세븐」이라는 말도 있다. 특히 우리나라 사람들은 7이라는 숫자를 의식하거나 안하거나에 관계없이 좋아해 온 것 같다. 숫자라고 말하면 이 7이외에 3이나 5라는 숫자도 첨가하고 싶다. 이것들은 인간의 리듬과 주기 등과도 관계가 있는 수이다. 이들 숫자에 특별히 구애될 필요는 없지만 다소간 참고하여 활용하기를 권하고 싶다. 주위를 살펴보면 7,5,3이라는 숫자를 흔히 볼 수 있다. 무거운 것을 들어 올릴 때에도 하나 둘 셋이다. 하나 둘 만으로도 무방할 것 같은데 신비하게도 공통적으로 인류는 하나 둘 셋인 것이다. 이것은 인간이 이와 같은 리듬을 가지고 있다는 뜻일까.

 각설하고 이 소회의가 가지고 있는 가장 좋은 점은 그다지 형식에 구애되지 않고 실로 자유롭게 토론할 수 있다는 일이다. 발언 시간에도 그다지 제한을 받는 일 없고 의사소통도 충분히 꾀할 수 있다. 말하자면 무릎을 맞대고 있다는 느낌이 들어 친근감도 크다. 참가 의식도 높아 회의에 있어서의 비밀성의 유지도 용이하다.

 다만 인원수가 적으므로 결석자가 생기면 회의 개최가 불능하게 된다. 그러므로 결석은 허용되지 않는다. 그리고 회의 참가자는 회의의 주제에 대해서 충분히 알아야 하고 책임 있는 의견을 가지고 오지 않으면 안 된다. 왜냐하면 다른 많은 사람에게서 지식을 구할 수 없기 때문에 자료 통계 등 필요한 것은 충분히 준비해야 한다.

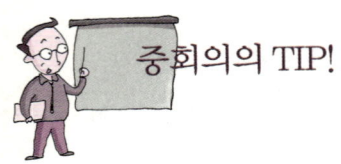
중회의의 TIP!

  30인 전후의 회의는 회의 참가자 전원의 얼굴을 한 눈에 볼 수도 있고 발언도 비교적 자유로이 할 수 있는 여유가 있다. 그런데 인간의 집단이라는 것은 이 30인을 전후해서 다루기가 어려워진다.
  이 경우 필요한 소도구 즉 명찰이나 테이블의 배치 등을 완비함으로써 회의를 진행시키기가 용이해진다. 의장도 지도성을 가지며 의사에 정통한 사람이 맡는 것이 좋다. 운용 면에서도 자유롭게 발언할 수 있는 분위기이기 때문에 자칫하면 개방적이 되어 질서가 흐트러지는 일이 있으므로 주의해야 한다.
  회의 자료와 보드는 반드시 준비하고 싶다. 회의 장소에 따라서는 마이크도 의장석에 한 개쯤 두는 것이 좋다. 회의의 소집, 기록, 심의의 순서 등에 관해서도 일단은 형식을 갖춘 것이 필요하다.
  인원수가 늘어나면 소회의에 비교해서 조금씩 공식적인 수속이나 순서가 요구되게 된다. 다만, 공식적으로 이행하기 위해서 내용이 형식에 흐르거나 참가자의 참가 의식이 희박해지는 경향을 나타내므로 소집자 측이나 의장은 마음가짐이 안이해서는 안 된다.
  30인 전후의 회의의 구성에서 또 한 가지 주의해야 할 일이 있다. 그것은 대개의 경우, 회의 참가자 가운데에는 반드시 몇 사람쯤 「별로 친숙하지 않는 사람」이 있다는 사실이다. 같은 구성원으로 자주 열리는 회의는 별문제로 하고 같은 회사 안에서라도 이만한 인원이 모이자면 다른 부과나 외부에서 참가하는 일이 있기 때문에 이름은 물론 얼굴조차 모르는 사람이 끼여 있는 법이다. 그 중에는 얼굴은 알고 있더라도 이름은 기억할 수 없다든가, 어느 부과 소속인지 모른다거나 말하자면 「불명 인물」이 등장한다. 모르는 사람이 있으므로 어떻게 생각할지 모를 것이기 때문에 지나치게 친숙한 행동이나 조잡한 언동은 삼갈 필요가 있다.

소회의에서 마음속까지 알고 있는 멤버끼리라면 때로는 허물없이 하는 말도 허용되지만 중 회의에서는 그것이 통하지 않는다.

또한, 대 회의라면 집단 속에 묻혀 한 사람의 존재는 그다지 주목을 받지 않지만 중 회의에 있어서는 서로가 주목의 대상이 되므로 그 나름으로 참가자로서의 자각이 필요한 것이다.

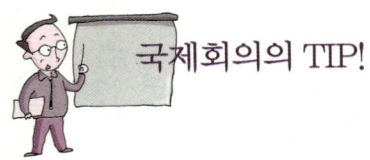
국제회의의 TIP!

국제회의는 다양한 문화와 사상을 가진 사람들이 모이게 된다. 언어와 풍속 습관의 차이로 상상 이상의 곤란함 또한 따르기 마련이다. 그러나 지구상의 사건이 몇 분 뒤에는 온 세계에 알려지는 현재 국제회의는 점점 더 많아질 것이고 현대에 사는 비즈니스맨에게 있어서는 남의 일이 아니게 되어 가고 있다. 특히 해외에 판로를 가지고 있는 회사나 해외로 뻗어 나가려 하는 회사의 사원에게 있어서 국제회의는 바로 오늘의 과제인 것이다.

그런데 국제회의에서 가장 문제가 되는 것은 언어의 문제이다. 현재 우리의 주변을 둘러보면 가장 많이 사용되고 있는 것은 영어이다. 영어는 오늘날 세계어라는 지위를 차지하고 있다. 영어인구는 3억 가까이에 이르고 있으며 제일 외국어로서 사용하고 있는 나라를 포함하면 인류의 반수에 이른다고 한다. 이 점에서 본다면 먼저 영어를 마스터한다는 것이 출발점이 될 것이다.

그러나 그것도 중국이 세계무대에 복귀한 사실로 인해 조금씩 달라지고 있다. 중국어는 10억이나 되는 사람들이 상용하고 있다 한다. 아무튼 국제회의는 언어의 장벽을 넘어서는 데서부터 출발한다. 그런데 이 논법에서 말한다면 외국어를 말하지 못하는 사람은 국제회의에 참가할 자격이 없는 셈이 된다. 그러나 세계의 지도자라고 일컬어지는 사람이라도 반드시 각 나라의 언어에 통하고 있는 것이 아니다. 거기에는 통역이 있기 때문에 할 일을 다 하고 있는 셈이다.

그러므로 언어 문제는 그대로 두고 국제회의에서 알아둘 일들을 적어 보려고 한다. 그것도 영어나 외국어를 모르는 사람이 국제무대에 나서는 전법을 말이다.

1. 외국인 또한 인간이라는 동질성 자각

우리나라 사람의 국제성의 부족은 외국인을 특별하게 보는 데에 원인이 있다. 우리와는 전혀 다른 그것도 자기보다는 훨씬 격이 높은 매너를 가지고 있는 인간인 것처럼 생각하고 있지만 결국은 마찬가지 인간인 것이다.

먼저 이 자각으로부터 출발하고 싶다. 오히려 역사를 따진다면 우리나라 사람은 외국인보다 우수한 것도 많이 가지고 있다. 교육제도에서 보더라도 다른 나라에 비해 뒤지지 않는다. 그러므로 국제회의에 임할 때는 상대편에게 깔보이지 않을 마음가짐이 필요하다.

결코 머뭇거릴 이유는 없다. 더욱이 비굴해질 이유는 더욱 없다. 우리나라에서 열리는 국제회의라면 우리식으로 머리를 깊숙이 숙여 인사하는 것도 한 가지 수단이다.

내밀었던 손을 깜짝 놀라 거두면서 당황스럽게 절할 것이 틀림없다. 요는 이쪽의 페이스로 상대를 끌어 들이도록 하는 것이 오히려 바람직한 태도이다.

2. 베테랑 통역의 효과

통상의 일상회화의 통역 정도라면 의사만 통하면 되기 때문에 베테랑(경험이 풍부한 사람)을 필요로 하지 않는다. 국제회의에서는 베테랑을 기용하는 것이 절대 필요조건이다. 특히 회의에 익숙한 통역을 골라야 한다. 회의에서는 일상 흔하게 쓰지 않는 말이 나오므로 회의를 알고 있는 통역이 아니면 언어의 번역에 급급해서 의사 진행을 이해할 수 없기 때문이다.

3. 통역관과의 친분을 통한 호흡일치

가능하면 회의 전에 통역관과 인간적인 접촉을 가져 두는 것이 바람직하다. 식사를 하거나 술을 마시는 것도 좋다. 이인삼각인 셈이므로 아무튼 호흡이 일치하는 것이 중요하다. 이와 같은 인간적인 사귐을 통하여 자기의 생각을 충분히 통역에게 전달해야 한다. 이 접촉이 깊으면 깊을수록 막상 실제에 임할 때 힘을 쓰게 된다. 통역도 사전에 발언 내용을 알고 있으면 단순히 말을 옮기는 데 그치지 않고 그 속에 감정이나 말의 복선을 넣을 수 있게 된다. 그 사람 자신이 되어 의사대로 표현한다는 것이 바로 통역이 할 일이다.

동시통역은 즉석에서 하는 것이므로 기계적으로 옮겨지는 것이 보통이지만 만약 사전에 통역과 잘 논의해서 의사소통이 꾀해져 있으면 절로 말 속에 감정이 담겨지게 된다. 그리고 통역하는 방법도 상대방이 알아들을 수 있는 것이 될 것이다. 이렇게 되면 기계적인 통역과는 아주 판이한 것이 될 것임은 의심할 여지가 없다. 말에는 힘이 있게 될 것이고 그 인간적인 감정이 담긴 말은 반드시 이어폰을 통하여 상대방의 마음을 움직일 것임에 틀림없다.

4. 확실한 의사표현

우리나라 사람끼리라면 우리나라 말의 독특한 표현이라도 이해할 수 있지만 이것이 외국인의 통역 등에게는 이해되지 못하여 오역을 낳는 결과가 된다.

"…… 그 문제에 대해서는 앞을 보고 꽉 붙잡고서 선처하려고 생각합니다."

"잘 생각해 두고자 합니다."

이 두 가지 말을 예로 들어보아도 알 수 있다. 앞의 것은 적극적인 자세로 좋은 방법을 찾아내자고 하는 것이고 뒤의 것은 생각해 보자고 하는 것이지마는 그 배경에는 상대방을 다치지 하지 않고 거절한다는 뜻도 포함되어 있다. 이것이 통역을 통하면 앞의 것이나 뒤의 것이 모두 「예스」라고 통역되는 경우도 있기 때문이다. 그렇기 때문에 「예스, 노」는 명확하게 표현해야 한다.

5. 적극적인 발언과 끈기

우리나라 사람 중에는 국제회의에서 할 말을 충분히 말하지 않고 예사롭게 앉아 있는 사람이 흔히 있다. 체면을 차리고 있는 것인지 점잖게만 있는 것이 미덕이라고 생각하고 있는 것인지 아무튼 물고 늘어진다는 자세가 별로 없다. 같은 한국인이라면 그 상대의 입장을 고려해서 발언도 하고 그 말의 뒷면의 뜻도 짐작해 주지만 외국인은 그렇지 않다. 물러서면 양보했거나 타협한 것이라고 간주하고 만다. 결코 한국인이 미덕으로 여기는 습관 같은 것을 이해해 주지는 않는다. 오히려 지나칠 정도로 끈질기게 버티는 편이 상대로 하여금 이쪽의 주장에 귀를 기울이게 만든다. 주장을 관철하려고 할 때는 이와 같이 밀고 나가는 것이 중요하다. 또한 배짱 놀음도 통하기 어려운 것이다.

6. 통역하기 쉬운 표현의 활용

「…… 본건은 우리 회사로서 배수의 진을 펴고 추진해 온 문제입니다. 만약 시도가 실패하는 일이 있기라도 하면 끝장입니다.」 이 발언에 대해서 「배수의 진」이 라는 말은 외국인에게는 무슨 말인지 그 참뜻을 이해할 리 없으므로 통역은 땀을 흘리게 될 것이 뻔한 일이다.

「이 점에 관해서 본인이 충분히 연구해 본다는 데 찬성입니다마는 그렇다고 해서 그 성과에 대해서는 의문점도 많이 있으며 그리고 실행의 단계에서 ……」 이와 같은 표현도 찬성인지 반대인지 도무지 알 수 없다. 그리고 한국어와 영어의 문법의 구성의 차이도 있어 곧 통역할 수 없다. 그러므로

「본건에 대해서 본인은 반대입니다. 왜냐하면……」과 같이 처음에 명확한 의사 표시를 하는 것이 필요하다.

7. 의사규칙에 정통할 것

 일부러 규칙을 만들지 않더라도 사람이 모이고 회의가 시작되면 눈에 보이지 않는 질서라는 것이 생겨나기 마련이다. 그러나 국제회의에서 관습으로서의 규칙이나 눈에 보이지 않는 질서를 기대하는 것은 과오의 원인이 된다. 국민성이 다르기 때문에 거기에는 공통되는 규칙이 없어서는 안 된다. 그러므로 규모가 큰 국제회의가 되면 복잡한 회의규칙이 마련되어 있다.

 발언의 순서에 대해서도 예비 회의가 열릴 정도이니 언어는 자유롭지 못하여 말을 하지는 못하더라도 의사운용의 규칙에는 정통해 있어야 한다. 그렇지 않으면 무엇이 어떻게 진행되고 있는지 모르게 된다.

국제회의는 다양한 문화와 사상을 가진 사람들이 모이게 된다. 언어와 풍속 습관의 차이로 상상 이상의 곤란함 또한 따르기 마련이다. 그러나 지구상의 사건이 몇 분 뒤에는 온 세계에 알려지는 현재 국제회의는 점점 더 많아질 것이고 현대에 사는 비즈니스맨에게 있어서는 남의 일이 아니게 되어 가고 있다. 특히 해외에 판로를 가지고 있는 회사나 해외로 뻗어 나가려 하는 회사의 사원에게 있어서 국제회의는 바로 오늘의 과제인 것이다.

제11장
프레젠테이션에서 제안하는 방법

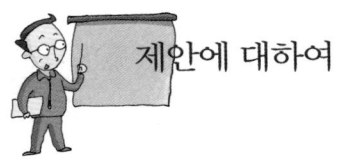
제안에 대하여

제안의 우선순위

　제안이란 회의에 있어서 보다 활발하게 진행되도록 하기 위해서 사용되는 수단이다. 그 회의가 지금 여기서 무엇을 할 것인가, 어떻게 수행되어야 할 것인가에 대해서 말하기 위한 것이므로 그 때의 말씨는 출석자들로부터 오해를 사게 되는 일이 없도록 신중하게 말을 골라서 하는 것이 중요하다. 「본인은 이 회로서 여차여차한 일을 누구에 의해서 언제, 이와 같이 하는 것이 좋겠다고 제안합니다.」
　이와 같이 구체적으로 말할 필요가 있다. 그리고 이 제안 곧 동의제출은 통상 1명 이상의 찬성을 얻어야 한다. 그 이유는 한 사람의 제안에 의해서 회의 전체가 끌려가는 일이 없도록 하기 위함이며 또한 한 사람의 제안에 의해서 회의의 방향이 명확해지고 그 위에 다른 사람이 동조하므로 말미암아 각양각색의 제안을 집약하여 쓸데없는 시간을 낭비하지 않는다는 뜻도 된다.
　이 경우 동의 찬성자는 「찬성합니다.」라고 말하고 기립할 필요는 없다. 다만 찬성이라고 발언하는 것만으로 족하다. 그러나 회의의 의사록에 기재할 필요가 있는 경우에는 기립시켜 그것을 명확하게 해 둘 필요가 있다.
　다음으로 회의의 운영에 대해서 유의해야 할 일은 「일사일심의」라는 것이다. 곧 회의체가 반드시 일제안을 토의하는 일이다. 이렇게 함으로써 첫째로 회의의 혼란을 막고 의사 진행을 촉진시킬 수 있게 된다. 그리고 참가자에게 무엇이 중요한가를 인식시킬 수도 있게 된다. 결론적으로 회의를 진행시킴에 있어서 소수의 귀찮은 존재 때문에 회의 전체가 혼란에 휩쓸리거나 하잘 것 없는 일로 시간을 낭비하거나 하는 일이 없도록 하여야 한다.

그래서 이들 제안이나 동의에 대해서는 그 우선순위가 붙여져 있다. 그리고 그 순위에 입각해서 회의가 진행되는 셈인데 우선의안이 앞서 심의되어야 할 것은 두말할 필요가 없다. 이를테면 의안의 「유보」이다.

의안의 유보란 회의장에서는 일단 채택하지만 그 심의를 무기 연기하는 제안이다. 이것은 문제의 검토에 보다 시간을 많이 들여 한다거나 재검토의 시기를 지금은 결정하지 않는다고 하는 내용의 것이다. 그리고 의안 유보에 찬성한 사람 가운데 그 과반수의 동의가 있어서 나중에 가서 한 번 더 회의에 걸고자 할 때에는 그것을 회의에 다시 걸 수가 있다.

이 경우 당연한 일이지만 그 의안은 유보되었을 때와 동일한 상태이며 같은 문언으로 심의에 붙여진다. 생각해 보면 이것은 무기 연기이므로 실질적으로 채택은 하였지만 토의는 하지 않는다는 것이다. 그리고 언제 토의될지 모른다는 것은 사실상 의안의 사장이라는 패턴이기도 하다.

사업의 주요 의제, 곧 「주 동의」는 그 회의체의 사업의 일부수행에 관해서 제안된 의안이다. 시작한 사업의 승인, 예산의 승인, 위원회 설치의 승인, 인사의 승인…… 등이 이에 포함된다. 따라서 가장 실질적인 내용을 가지고 있는 것이라고 말할 수 있다.

보조 동의
이것은 대개 주요 동의의 심의를 하기 쉽도록 하기 위해서 보조적으로 제안되는 것이다.

부대 동의
의사의 심의에 부수해서 제안되는 회의의 운영을 완수시키기 위한 것으로 이를테면 의사진행 절차와 결의, 투표의 문제라든가, 회칙의 시행정지, 의안심의에 대한 반대 등의 일이 포함된다.

특별 동의
이것은 상정되고 있는 의안의 심의보다도 빨리 결의를 행하려고 하는 것으로 예를 들자면 연기의 기한이라든가, 휴회의 기한을 결정하는 따위의 일이다.

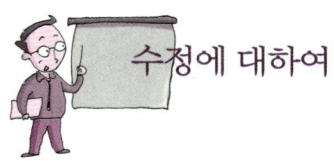
수정에 대하여

수정 동의의 제안

의안의 수정은 그 일부를 변경하기를 원할 때에는 「수정」이라는 형식으로 동의를 제출할 수 있다.

「수정동의」를 제안할 때는 먼저 의장에 대해서 수정동의를 하기를 바란다는 뜻을 전하고 의장으로부터 발언의 허가를 얻지 않으면 안 된다. 그리고 의장으로부터 발언 허가를 얻고 나서 비로소 수정하고자 하는 동의의 내용을 정확하게 말하지 않으면 안 된다.

이 동의를 받은 의장은 지금 여차여차한 일이 제안되었는데 이 수정 동의에 대해서 찬성자가 있는가 어떤가를 확인한다.

「본 수정안에 찬성하는 분이 있습니까?」라고 말한다. 회의 출석자 중에서 한 사람이라도

「본인은 찬성합니다.」라는 말이 나오면 그 수정 등의는 토의에 붙여진다.

만약 수정 동의에 대해서 찬성하는 사람이 한 사람도 없을 때에는 의장은

"찬성을 얻지 못했기 때문에 지금 있는 수정의 동의는 무효가 되었습니다. 주 동의에 대해서 의견은 없습니까?"

이와 같이 하여 회의는 진행되어 간다. 이때에 주 동의의 제안자가

발언을 희망한다면 그 사람이 제일 먼저 지명 받을 것은 말할 것도 없다. 또한 수정 동의가 제안되었을 때, 의장은 그 동의의 채택 여부만을 묻는 것이지 모든 문제의 심의에 영향을 주는 일이 없도록 배려하지 않으면 안 된다. 그리고 수정 동의를 다시 수정하는 동의도 제안할 수가 있으나 이것은 수정안의 수정에만 그쳐야 한다. 왜냐하면 그것의 반복이 거듭되면 밑도 끝도 없게 되어 시간의 낭비가 되기 때문이다.

표결에 대하여

분명한 체결결과

활발한 심의가 끝나면 「표결」이 행해진다. 표결의 순서는 심의 도중에 수정안에 대한 수정 제안이 있으면 먼저 이것을 맨 처음에 표결하고 다음에 수정안 맨 마지막으로 주 동의가 표결된다.

수정안을 표결할 때, 의장은 「수정안에 대한 표결을 합니다.」라고 말하는데 이 수정안을 가결 또는 부결하는 것이 주 동의에 어떠한 영향을 미치는가를 설명하지 않으면 안 된다. 아울러 찬성과 반대의 효과를 참가자에게 미리 알려둘 것도 필요하다. 표결에 임해서 의장은 「찬성하는 분은 거수(또는 기립)해 주시기 바랍니다.」라고 말하고 다음에

「반대하는 분은 거수(또는 기립)해 주시기 바랍니다.」라고 찬부 양편에 대해서 의사 표시를 재촉한다. 단, 구두에 의한 표결, 곧 찬성이라든가 반대라든가를 구두만으로 채택하는 경우도 있다.

그러나 명확한 표결을 필요로 하거나 기록을 보존하거나 하는 경우에는 구두로서가 아니고 거수 또는 기립을 구하지 않으면 안 된다.

그 결과, 의장은 「몇 표」 대 「몇 표」로 가결 또는 부결되었다는 사실을 회의장의 전원에게 주지시키도록 분명하게 말해야 한다. 회의가 종료한 뒤, 흔히 혼란이 생기는 것은 표결의 채택 방법이 막연했거나

채결의 결과가 애매했거나 하기 때문이다. 그런 의미에서도 의장은 표결 결과를 되풀이하여 표명함으로써 회의 출석자에게 철저하게 알리도록 하는 배려가 필요하다.

의장에 대하여

의장에 대한 동의

 의장은 개회 시간이 되면 의장석에 착석하고 개회를 선언한다. 잇달아 회의를 개시하여 당일의 의사일정을 출석자 전원에게 알리는 데서부터 출발한다.

 회의가 시작되면 의장은 의사일정에 따라 의안을 원활하게 진행시키고 의사 진행 중에 동의가 제안되면 이것을 표결에 붙여 그 결과를 발표한다. 그와 동시에 의안을 심의하는 동안 멤버의 언동을 주시하여 의사 규칙에서 벗어나는 사람이 있으면 그에게 주의를 환기시키고 회의 중에 혼란이 일어나지 않도록 배려하지 않으면 안 된다. 불행하게도 회의가 몹시 혼란에 빠진 경우에는 최후의 수단으로서 의장의 권한으로 그 회의의 산회를 선언할 수도 있다.

 이와 같이 의장의 역할은 회의 중의 모든 경우를 통해서 그 출석자에게 의사 규칙을 철저하게 지키게 하여 회의장에 있어서의 매너를 지키도록 하고 규율 위반에 대해서는 엄격하게 다스려야 한다. 필요에 따라 의장의 생각을 출석자가 물어 왔을 때에는 의사규칙 또는 관례위반이라는 입장에서 판단해서 그 이유를 명쾌하게 전달해 주지 않으면 안 된다.

 의안의 표결 때에는 본래 의장은 의장석을 떠나서 행해지지 않으면 안 되지만 위원회라든가 규모가 작은 회의 등에서는 의장석을 떠난다는 관례는 없으므로 착석한 채로 표결을 행할 수가 있다.

심의 도중에 의사 규칙에 위반하는 행위가 있으면 의장은 다른 멤버에 우선해서 발언할 수가 있다. 발언할 때에는 비록 자기를 가리키는 경우라도 반드시 직책의 명칭으로써 표현하지 않으면 안 된다.

「나는 이렇게 결정합니다.」라고 말하는 것이 아니라, 「의장은 이와 같이 결정합니다.」라고 말하는 것이다.

그리고 회의참가자인 발언자가 의사 규칙에 위반하고 있지 않는 한 의장이라고 하더라도 그 발언을 저지하거나 봉쇄하거나 하지는 못한다.

의장의 투표권에 관해서는 다음 사항을 명심해 두어야 한다.

첫째로 의장의 투표에 의해서 어떤 의안이 결정되는 것과 같은 경우에는 투표 자격이 있다는 것. 이 경우 주의할 것은 찬성, 반대의 표수 계산을 시작하기 전까지 투표해 두지 않으면 그 권리가 상실되고 만다는 것.

다음은 3분의 2의 다수표를 필요로 해서 소수파 쪽에 의장이 투표함으로서 그 의안을 부결시킬 수 있는 것과 같은 경우에도 의장의 투표가 허용된다. 그리고 의장이 소수파 쪽에 투표하는 것에 의해서 가부동수가 되어 그 결과 의안이 부결되는 경우에도 투표는 허용된다.

의장에 대해서 동의가 제안되었을 때에는 서기, 만약 서기가 할 수 없는 경우에는 그 동의의 발언자가 그 동의를 표결한다.

의장이 회의 중 부득이한 사정으로 자리를 비우지 않으면 안 될 때에는 의장을 대신해서 임시 의장을 임명할 수 있다. 임시 의장의 책임은 그 회의가 산회된 단계에서 끝난다. 그리고 사전에 의장이 그 회의에 출석하지 못한다는 것을 알고 있는 경우는 마음대로 다른 멤버를 대리 의장으로 시킬 수는 없다. 이런 경우어는 서기가 임시 의장을 선출해서 회의를 주관하게 된다. 부의장이 있으면 그가 의장이 되어도 좋고 부의장이 복수이면 그 중의 수석 부의장이 의장직을 맡으면 된다. 그러나 단 의장이 출석하면 임시 의장은 자동적으로 그 자리에서 그 임무가 끝난다.

 이와 같이 의장이 하는 일은 많이 있다. 그 어느 것이든지 의장은 언제나 공평하지 않으면 안 된다. 한쪽에 치우치거나 의견이 다르다고 해서 그 사람을 꺼려하거나 해서는 안 된다. 그리고 실천력이 있고 회의 참가자를 이끌어 가는 통솔력도 갖추고 있지 않으면 안 된다. 이것은 나아가서는 자기 자신을 다스리는 일도 된다. 의장이 흥분하면 회의장도 필연적으로 혼란하고 만다. 의장은 회의에 임하면 그 회의의 목적을 마음에 새겨 참가자 전원의 의사를 제어하는 것이 아니라, 어떻게 발휘시켜 나가는가 하는 것을 냉정하게 판단해서 대처하지 않으면 안 된다 것을 분명하게 말해 두고자 한다.

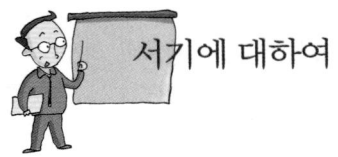
서기에 대하여

정확한 기록

서기란 보통회의의 기록원을 말한다. 서기가 앉는 자리는 될 수 있는 대로 의장석에 가까운 위치에 만드는 것이 바람직하다.

회의가 시작하는 단계에서 의장이 유고해서 갑자기 출석하지 못하게 되거나 부의장도 없는 경우에는 서기는 의장의 대행을 맡아 개회 선언을 하고 회의를 시작하는 역할을 한다. 그리고 개회 직후에 곧 임시 의장의 선출을 행할 임무도 있다.

회의의 기록원인 서기는 다음과 같은 방법으로 의사록을 작성한다.

첫째 「몇 년, 몇 월, 몇 일, 어디서 개최된 ○○회의는 의장 출석 하에 다음과 같이 진행되어 의안이 가결, 그 의사록을 서기가 낭독하여 승인을 득함」과 같이 쓴다.

이것을 상세하게 설명하면 그 ○○회의는 어떤 종류의 회의인가, 정례인가 정기인가 아니면 특별인가 혹은 연회에 의한 회의인가를 명확하게 하고 「회의의 명칭」, 「일시」, 「장소」, 「의장명」, 「서기의 출석의 사실」 만약 대리인 경우이면 그것이 누구인가, 전회의 의사록은 승인 되었다는 등을 별도로 기록한다.

일반적으로 의사록에는 그 회의의 서기를 맡은 사람이 서명하게 되어 있지만 회의에 따라서는 이장의 서명을 필요로 하는 것도 있다.

의사록의 내용은 그 종류에 따라 크게 다르며 또한 그것을 공표 하는가 아닌가에 따라서도 달라진다. 그러나 어떠한 경우라도 서기는 의사록 속에서 회의 출석자의 언행에 대해서 좋게도 나쁘게도 언급해서는 안 된다. 하물며 비평을 가하거나 비판하는 것은 허용되지 않는다. 특히 발언자의 내용을 기록할 때에는 신중을 기해야 하는데 그 이유는 판에 박힌 의사록이나 기술된 사항보다도 발언자의 내용이 공표되는 것에 대해서 흥미를 일으키게 하는 경우가 많기 때문이다.

 의사록은 공식 문서로서 서기가 보관하는 것이지만 회의 참가자에게 필요한 때에는 자유로이 열람하는 일이 허용되어 있다. 더욱이 의장이 필요 있다고 인정하는 경우에는 이것을 회부할 것을 명령할 권한을 가지고 있다.

 서기에게 지워진 임무에 대해서 또 하나의 주요한 항목이 있다. 그것은 회의 개최 전에 의장을 위해서 의사일정을 작성하고 이미 확정되어 있는 의안을 동시에 의장에게 제시해야 하는 일이다.

 이와 같이 서기에게 요구되는 임무는 회의를 뒤에서 받쳐주는 것 같은 존재이다. 의장을 잘 보좌하고 회의를 원활하게 진행할 수 있도록 마음을 쓰며 아무런 지장 없이 회의를 종료시키는 일에 전력을 기울이지 않으면 안 된다. 그러기 위해서는 어디까지나 「치밀하고 정확」한 사람이 적격인 셈이 된다. 그러므로 때로는 서기를 몇 사람 두는 회의도 있을 정도이다.

 만에 하나 기록상에 불명확한 곳이 있거나 판별하기 어려운 기록이 있으면 몇 사람의 서기들이 자기네끼리 그 확인을 서두르지 않으면 안 되며 그래도 불가능할 경우에는 의장에게 그 사실을 상신해서 발언의 문언에 관해서 의장으로부터 그 확인을 구한다는 것도 필요하게 된다.

동의의 목적별 분류

제시된 의안을 그대로 가결 또는 부결하는 식으로 하지 않고 다른 형태로 이것을 처리하는 것도 하나의 기술이다. 곧 같은 목적을 위해서 여러 가지 동의를 받아두어 이것을 주 동의의 심의 중에 바꾸어 제안하는 방법이다. 이것을 그 목적별로 다음 8종류로 분류해 보았다.

〈1〉 변경 또는 수정할 때
- 수정의 동의
- 위원회에 붙이는 동의

〈2〉 결정의 연기
- 일정한 시기까지 심의를 연기하는 동의
- 의안 유보의 동의

〈3〉 심의 억지
- 심의 중단 채결의 동의
- 심의 제한 또는 중단의 동의

⟨4⟩ 의안
- 의안 심의 반대의 동의
- 의안 심의를 무기한 연기하는 동의
- 의안 유보의 동의

⟨5⟩ 의안의 재심
- 의안 재심의 동의

⟨6⟩ 의사 규율
- 당일의 의사일정의 실시를 구하는 동의
- 특별한 의사에 관한 동의
- 의사 규칙의 적용, 정지 동의
- 의사 규칙의 위반에 항의하는 동의
- 의장의 재결을 구하는 동의

⟨7⟩ 기타
- 문서 낭독의 동의
- 의안을 철회하는 동의
- 회의 또는 멤버의 권리 보호에 관한 동의

⟨8⟩ 회의의 종결
- 연회의 기한을 결정하는 동의
- 연회의 동의, 이들 각항에 대하여 설명을 가해 둔다.

수정 동의의 해설

동의를 변경할 목적으로 제출된 동의는 그 형태로서 다음 종류가 있다.

a. 의안의 문언을 첨가하거나 삭제하거나, 또는 더 삽입한다.
b. 심의 중의 의안 대신에 같은 의제로 다른 제의를 한다.
c. 그 의안을 분할한다.

이따금 그 의안에 반대하는 사람이 의안을 분할함으로써 폐안시키려 하는 의도가 있는 경우도 있다.

어느 경우이든 수정동의가 제출되어 이에 찬성하는 사람이 있으면 의장은 수정안의 취지를 설명하고 참가자 전원에게 그 내용을 정확하게 주지시켜야 한다.

그런 뒤 수정의 제의가 있는 부분을 낭독하고 수정 동의가 채택되는 경우에는 그 전문을 낭독한다. 그리고나서 그 수정안에 관한 의사에 들어간다는 뜻을 밝히고 토의를 시작한다.

토의의 대상은 어디까지나 수정의 요점에 국한하도록 해야 하며 의안의 내용에 대해서는 그 수정 동의를 채택하느냐, 않느냐를 결정하기 위해 필요한 범위 안에서 그쳐야 한다.

위원회에 붙이는 동의는 수정할 필요가 있다. 본회의에서 하기보다도 위원회에서 하는 편이 좋을 경우에는 위원회에 회부하는 동의를 제의하는 것이 통례가 되고 있다. 이것은 수정 동의를 상정하고 있는 중이더라도 제의할 수 있다.

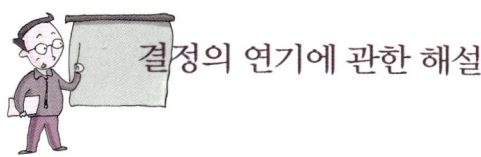
결정의 연기에 관한 해설

어떤 일정 시기까지 심의를 연기하는 동의를 가리키는데 이것은 언제까지 의결을 연기한다는 것을 내용으로 한다. 그러나 그 내용은 극히 한정된 것이 되며 확실하게 그 때까지 연기한다는 것이 적당한가 아닌가 하는 것에만 국한하는 동의가 된다.

또한 의안 심의를 일정한 시기까지 연기하는 것이 아니고 다른 의안이 처리될 때까지 잠시 동안 심의를 중지시켰다가, 언제든지 다시 회의할 수 있는 권리를 보류하고자 한다면 그렇게 할 수 있도록 고려된 것이 의안 유보의 동의이다. 그러나 이 동의는 심의도 수정도 할 수 없다.

의안 유보의 동의가 제출되면 의장은 즉각 채결에 붙이고 가결되면 의안 전체는 심의가 정지된다. 그런 뒤 그 의안 유보를 회의에 붙이는 동의가 채택될 때까지는 심의의 정지가 계속된다. 이 동의는 의안 심의를 억제하기 위해서 쓰이는 일이 가끔 있다.

심의 억지

이것은 심의를 엄밀한 의미에서 종결시키거나 혹은 제한하는 것으로 의안에 대한 찬부 어느 쪽에서도 사용할 수가 있다.

의안에 대해서 반대의 입장이면 심의를 종결짓고 의안 그 자체를 봉쇄하고 마는 일이 된다.

원칙으로서 어떠한 동의라도 심의 중지의 동의가 채택되면 현 의안의 채택 또는 회기 중 폐안의 효과를 발생하는 것이면 자유로 심의하는 것이 허용된다.

어떤 사람이 발언권을 얻어 심의 중지 표결의 동의를 내었다고 하자. 그리고 이 동의에 대해서 곧바로 찬성의 소리가 일게 되면 여태껏 계속된 심의는 일시 정지하게 된다. 의장은 즉시 「본 동의를 지금부터 표결에 붙이고자 합니다. 좋습니까?」라고 참가자에게 묻는다. 그래서 3분의 2이상의 다수의 찬성으로 가결되면 그 때까지의 심의는 그 자리에서 중단된다.

반대로 심의 중지의 동의가 부결되는 경우에는 그와 같은 동의는 전혀 없었던 것과 같은 상태로 그 심의를 계속해 나가면 된다.

때로는 심의 중단의 동의를 제기하여 심의를 전적으로 정지시키고 마는 일 대신에 어느 정도 제한해서 심의를 계속시키는 편이 좋다고 생각되는 일도 있다.

이런 경우에는 동의는 각 발언자에 대한 할당 시간이나 찬부 양 쪽의 발언 회수를 제한하거나 혹은 심의를 끝낸 뒤에 표결하는 시간을 정하거나 하는 것으로 하면 된다.

의안 봉쇄

의안을 아무리 심의해 보았자 아무런 이익도 효과도 없는 때라든가, 회의의 목적과는 전혀 무관계하다든가, 그 밖의 이유로 참가자 전체가 심의를 그 이상 원하지 않는 경우가 있다. 이런 상태에 빠졌을 때 취할 조치가 「의안 봉쇄」이다. 곧, 심의에 반대하는 동의인 것이다.

이 반대 동의에 대해서는 찬성의 소리를 필요로 하지 않기 때문에 의장은 즉시 참가자 전원에게 「본 동의를 심의하겠습니까?」라고 물어 3분의 2의 다수표로 부결되면 그 동의는 즉각 취하되고, 그 회의 중에 두 번 다시 제기하지는 못하게 된다.

의안의 심의가 개시된 뒤, 그 의안을 회의 중에 봉쇄하고자 한다면 투표에 의해서 부결시키거나, 그 심의를 무기한으로 연기시키는 수밖에 없다. 이 두 가지의 수단은 효과의 점에서는 마찬가지라고 볼 수 있다.

의안 유보의 동의는 그것을 심의하는 일은 허용되지 않지만, 과반수의 표를 얻기만 하면 그 즉시 발휘되는 것이므로 효과적인 동의라고 말할 수 있다. 따라서 이 동의는 의안 봉쇄의 수단으로 매우 넓게 쓰이고 있다. 다만 이것은 그 효과도 일시적인 것이라는 것을 인식해 두어야 한다.

회의 전체가 심의 재개에 들어가게 되면 그 효과도 그 시점에서 끝나게 되므로 다만 의안을 그 동안 잠재웠다는데 지나지 않게 된다. 다시 말하면 과반수가 그 심의에 반대하는 기간 동안만 의안을 봉쇄하는 것이다.

재심의 동의

이것은 의안을 재차 심의하려고 하는 동의이다.

재심을 위한 동의가 가결되면 의장은 다음 사항을 참가자에게 알린다. 곧, 그 표결의 재심이 이제 막 끝났으므로 의안 자체에 대해서 다시 가부를 결정한다는 것을. 이것은 현재의 의안이 그 가부에 관해서 맨 처음 표결에 붙여진 이전의 상태와 똑같은 상태에 놓여 있어, 그 처리에 대해서는 다시 표결을 필요로 한다고 하는 의미이다.

의사 규율

회의 당일의 의사일정의 실시를 구하는 동의란 대체 어떤 것인가-.

이를테면 이번 회의의 이전에 동의에 의해서 승인된 의안이 다음 회의(곧, 당일의 회의)에 상정 심의된다고 결정된 것이 있는 경우이다. 이런 때에 제안되는 것이 당일의 의사일정에 따른 동의이다.

참가자의 한 사람이 당일의 의사일정의 실시를 요구하는 동의를 제안하면 이 동의는 찬성의 소리를 필요로 하지 않고 의장은 즉시

"오늘 실시하는 의사일정의 의사를 규정에 따라 지금부터 시작합니까?"

라고 참가자 전원에게 묻는다. 그래서 그것이 가결되면 현재 심의하고 있는 의안이 있다 하더라도 그것은 뒤로 미루어지며 그 시점에서 상정이 약속되어 있던 안건에 우선해서 상정하는 것이다.

단 이 동의의 채택에는 3분의 2의 다수표가 필요하다. 왜냐하면 의사 규칙의 적용, 정지에 관한 문제로까지 파급할 가능성이 있기 때문이다. 그리고 의사 진행에 대해서는 의사규칙이 우선하는 것은 당연하지만 동의의 제안에 의해서 귀중한 시간을 허비하거나 회의 본래의 이익에 상반하는 경우도 있기 때문이다.

이와 같은 때에는 의사 규칙에 방해가 되는 규칙의 적용을 정지하는 동의를 제안하면 된다. 그래서 그것이 3분의 2의 다수표로 가결되면

규칙의 적용 정지에 해당하게 되어 회의 본래가 목적하는 것의 조치가 가능해진다.

의장의 직책은 의사 규칙에 따라 그것을 시행하고 회의장의 규율을 지키는 일이다. 그런데 회의 중에 누군가가 이 의사규칙에 위반하는 행위를 하고 다른 누군가가 그 위반 행위를 알았을 경우에는 회의 참가자는 의장에 대해서 의사 규칙의 실시를 요구할 수 있다. 요구할 때에는 다음과 같은 표현이 적절하다.

"의장, 저는 의사 규칙 위반에 항의합니다."

이에 대해서 의장은 어떠한 점에 위반이 있었는가를 발언자로부터 자세하게 청취하여 항의의 내용이 옳은가 아닌가를 판단하고 주의를 촉구한다.

의장의 재결을 요구하는 것은 회의 참가자의 권리이다. 그 동의에 찬성의 소리가 일어나면 의장은 그 판단을 요구에 응해서 실행할 뜻을 밝히고,

"의장의 재결을 본 회의의 의결로 합니까?"

라고 전원에게 묻는다. 그리고 의장은 의장석을 떠나지 않은 채, 이러한 판단을 하게 된 의사 규칙과 근거를 밝히고 나서 그 심의에 들어간다. 이때에는 참가자의 어떠한 사람이라도 1회 이상의 발언은 허용되지 않는다.

　문서 낭독의 동의와 의안 철회의 동의에 관해서인데 이것은 만약 발언 중에 문서의 낭독을 원하는 사람이나 자기가 제기한 동의를 의장이 고지하고 난 뒤에 가서 철회하고자 하는 사람은 이에 반대하는 사람이 없는 경우에 한해서 전체의 허가를 구하고자 동의를 제기할 것이 필요하다.

　회의 자체 혹은 멤버의 권리 보호에 관한 동의에 대해서는 회의 개회 중에 회의장이 혼란하거나 그 멤버의 권리에 영향을 주는 것 같은 일이 발생하거나 하면 회의 참가자는 누구라도 기립해서 그 권리의 침해에 항의한다고 지적하고 그 사실에 대해서 말할 수 있다. 이 때 의장은 과연 그 일이 사실상 권리의 침해에 해당하는가 아닌가를 결정하지 않으면 안 된다. 그리고 의장 이외 사람의 설명은 권리 침해를 결정하는 일은 되지 못한다. 이는 회의 전체의 허가를 얻고서만 항의할 수 있는 것이다.

회의 종결

그 회의를 연회하려고 생각하면 회의 종료에 앞서 「본 회의가 연회가 되었을 때에는 XX의 시기까지 (그 시점을 명확하게 한다) 연회할 것을 제안한다.」라는 동의를 제기하는 것이 최선책이다. 회의가 부당하게 긴 시간에 걸쳐 계속되는 일이 없도록 1회의 발언 시간을 제한하기 위한 규칙을 만들거나 회의 자체를 제한하기 위해서 이 동의를 제안하게 된다.

이 연회의 동의가 제기되어 찬성의 소리가 나게 되면 의장은 곧바로 표결에 붙이지 않으면 안 된다. 이 동의는 심의도 수정도 허용되지 않는다. 그리고 연회라는 형태로 된다. 그러나 다른 상정 중의 의안이 있는 경우에는 이 동의는 제기할 수 없다.

제12장
프레젠테이션에서의 세미나 방법

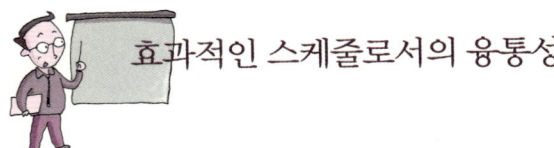
효과적인 스케줄로서의 융통성

　요즘은 휴양지 호텔을 이용해서 열리는 세미나가 몹시 성행하고 있다. 구미 등지에서 도입된 경영 이념이 분별없이 받아들여져서 마구잡이로 그 지식을 흡수하려고 하는 경영자 내지는 비즈니스맨이 수없이 있는 것이다.
　그 때문에 세미나를 개최하는 전문 회사까지 생겼다는 말도 들린다. 소득 배증과 고도성장 시대의 이야기다.
　이제 우리의 경제는 안정 성장 시대로 접어들었으므로 세미나 자체의 방법도 크게 달라져야 하는 것이다.
　단편적인 지식의 흡수보다는 보다 더 본질적인 것을 찾고자 하는 풍조가 바람직하다. 그러한 바람직한 풍조에 호응하기 위한 세미나를 개최하는 경우 어떠한 스케줄을 세우면 성공할 것인가. 그 키포인트는 일정을 짜는 데 있는 것으로 생각된다.
　세미나에 참가하는 대상을 잘 분석하고 고려해서 면밀한 계획을 세울 필요가 있다.
　크게는 경영 심포지움, 경영 세미나라고 하는 수백 명을 헤아리는 참가자를 가지는 대규모의 세미나로부터 작게는 수명의 신입 사원 특별 훈련 세미나에 이르기까지 실로 그 내용은 다종다양하다. 그러나 그 모든 것에 공통되고 있는 것은 다음 일들이다.

① 참가자가 신체를 움직이는 일
② 손을 움직이는 일
③ 발언하는 일
④ 의견을 충분히 말할 수 있는 일
⑤ 새로운 지식을 흡수할 수 있는 일
⑥ 새로운 체험을 가지게 하는 일
⑦ 외부로부터의 연락을 단절하는 일
⑧ 참가자끼리 인간적인 교류가 이루어지는 일
⑨ 식사에 변화를 가져 오는 일

이들 요소를 그 세미나의 일정 속에 잘 짜 넣는 일이다.

최근에는 조깅이 유행하는 탓으로 아침에 일어나면 전원이 달리기를 한다. 달린 뒤 체조를 하고 아침식사, 그 뒤에 곧 제1강좌가 시작되고 오전 중에 착실한 강의, 서둘러 점심식사를 마치고 오후에 다시 강의 또는 토론, 저녁을 먹은 뒤에도 계속해서 강의와 토론이 기다리고 있다-라고 하는 강행군의 세미나 연수회의 일정이 짜여 있는 경우가 있다.

이것이 1박 2일과 같이 극히 단기간에 행해지는 세미나 혹은 연수회이면 그 주입식도 이해 못할 것은 아니지만 강행군의 스케줄이 반드시 효과를 올린다고는 말할 수 없다. 특히 3박, 4박의 비교적 장기의 세미나의 경우에는 매일 아침 참가자를 달리게 하는 것은 참가자에게 고통을 줄 뿐이다. 참가자가 젊은 연령의 사람들인 경우라면 몰라도 중견층의 부·과장의 모임이라든가, 중년 내지는 고령의 경영인을 대상으로 한 경우에는 조깅 같은 것은 폐해가 많다.

 한 동안은 기분 전환을 꾀하는데 도움이 될지 모르나 그 뒤에 아침 식사를 하고 강의에 들어갈 무렵이 되면 졸음이 계속되는 경우가 왕왕 있다. 이것은 기온이 오름과 동시에 참가자에게 피로가 몰려 닥치기 때문인데 집중력도 없어지게 되므로 이래서는 아무런 의미도 없다. 그러므로 세미나 혹은 연수회에 참가하는 사람들의 대상을 고려해서 신체를 움직인다 하더라도 피로를 남기지 않을 정도의 쾌적한 기분 속에서 여러 가지 지식을 흡수 할 수 있도록 일정을 짜야 할 것이다.

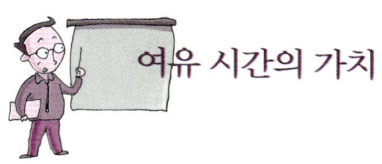

여유 시간의 가치

세미나나 연수회라는 것은 일정한 시기나 기간 동안 몇 사람을 구속하여 집중적으로 훈련하기 위한 것이므로 엄격성이 요구되는 것은 당연할 것이다. 그러나 그렇다고 해서 엄격만이 양약은 아니다.

세미나나 연수회에 참가한 사람이 전원 피로해서 지쳐 있다면 효과는 반감되고 만다. 남은 것이라곤 피로와 고통뿐, 이러한 것이 되어서는 참으로 말이 아니다. 그러므로 종교 단체 관계의 것이나 무술에 관련되는 것 따위의 특수한 예를 제외하고는 지나치게 강행군의 계획을 세우면 탈락자가 속출하게 되어 모처럼의 기획이 소득 없이 되고 만다.

내가 잘 아는 어느 절에서도 한 해 동안에 헤아릴 수 없을 정도로 많은 연수회를 개최하고 있다. 그 수많은 경험에 비추어 보면 세미나나 연수회에는 「두 푼의 여유」란 것이 필요하다고 통감하고 있다.

절에서 행하는 연수회이기는 하나 그 대상은 경영자로부터 신입 사원, 청년회의소의 회원 훈련 등 매우 다채롭다. 동시에 절에서 행하므로 그 성격상 아침 일찍 깨워 참선을 시키고 식사 후에 청소도 하게 한다. 그런 뒤에 강의에 들어간다는 패턴인데 하루의 일정을 되돌아보면 그다지 주입식이 아니며 또한 그다지 엄격한 스케줄의 연속도 아니다. 주입식이나 엄격성이 연속되는 경우는 밤이 되어 둘러보면 참가자들의 모습에서 눈에 뜨이도록 피로의 정도가 높아 있는 것을 알 수 있다.

그래서 절이라고 하는 특이성을 발휘시켜 보았다. 곧 밤에 담소 시간이라는 것을 만들어 그 시간에 반야탕을 내도록 했다. 소위 알코올의 제공인 것이다. 처음에는 설마 절에서 술을 마실 수 있다고는 아무도 생각하고 있지 않았기 때문에 그 중에는 당황하는 사람도 있었지만 익숙해짐에 따라 불과 한 시간의 담소 시간이 생각하지 못한 효과를 올렸던 것이다.

주간에서부터 계속되어 온 긴장이 이 한 잔의 술로 말끔히 풀려 내일의 활력이 되었던 것이다. 엄격한 가운데 한 잔 마시는 즐거운 시간이 마련되어 있다는 것은 참가자에게 있어서는 그날의 격려가 되어 연수 내용의 효과를 배로 올리는 것같이 여겨졌다.

그러므로 세미나 연수의 장소는 호텔이거나 연수소이거나 혹은 절이거나 간에 참가자들이 마음을 푹 놓고 쉴 수 있도록 무엇인가 즐길 수 있는 시간대를 마련해 주는 일이 필요하다. 특히 경영자나 회사의 간부급 등을 대상으로 하는 경우에는 일상생활이 비교적 사치하고

여유 있는 사람들이므로 주입식의, 그리고 육체적 고통을 수반하는 스케줄은 피하지 않으면 안 된다.

그들에게 있어서 고통의 연속은 그것이 차츰 공포로 바뀌어 마침내는 반발로 나타나기 때문이다. 이렇게 되면 세미나 연수를 의도한 효과는 결과적으로는 거둘 수 없었다고 하는 것이 되고 만다.

육체적으로도 정신적으로도 일련의 스케줄 속에는 그 긴장을 자연스럽게 풀어 주는 시간대를 마련해 주도록 권하고 싶다.

색다른 메뉴 선택

　세미나 연수회에 참가해서 참으로 잘했다라고 느끼는 경우 그 느낌은 참가자 한 사람 한 사람마다 제각기 다를 것이라고 생각된다. 그러나 공통적으로 강사 또는 선배의 강의를 단지 일방적으로 듣기만 하는 것 같은 원웨이 방식이 아니고 그 세미나·연수회의 기간 중에 자기에게도 무엇인가의 역할을 맡아 그것을 기간 내에 완전히 소화하고 그 결과가 다른 참가자들로부터 평가를 받았을 때야 말로 이에 참가해서「좋았다」라고 느낄 수 있다.

　그러므로 다만 단순한 참가에 그치는 것이 아니라 그 행사의 성공의 일단에 미력하지만 자기도 힘을 보태었다고 하는 의식을 품도록 해야 한다. 그러기 위해서는 스케줄의 작성, 인원의 배치, 그룹의 구성 따위를 세심하게 고려할 필요가 있을 것이다.

　이를테면 많은 인원수의 경우라면 그것을 몇 개의 그룹으로 나누어 토론시키기도 하고 기술을 습득시키기도 하는데 그렇게 나눈 그룹 속에서 여러 가지 직책을 마련해 준다. 한 사람은 그룹의 리더이고 한 사람은 기록원, 다른 한 사람은 식사계, 다음 한 사람은 정리역……과 같이 여러 가지 직책을 분담시켜 줌으로써 참가 의욕을 북돋우도록 해야 한다.

　이와 같은 배려야 말로 참가 의식을 높여 주는 원천이며 끝나고 보면 참가자들에게서 많은 충실감을 엿볼 수 있다.

이 외에는 참가자가 전혀 알지 못했던 지식이라든가 체험을 엮어 넣어보는 것도 재미있는 기획이다. 더욱이 그러한 지식이나 경험이 즉효성을 가지는 것이면 더욱 좋다.

이를테면 긴급할 데 쓰이는 인공호흡의 방법을 배운다거나 극히 간단한 호신술을 익힌다거나 좌선의 방법을 배우는 것 같은 누구라도 곧 할 수 있고 응용할 수 있는 것이 환영받는 듯하다. 설사 이와 같은 지식이나 경험이 세미나 본래의 목적과 전혀 다른 것이고 직접 관련이 없는 것이더라도 인간 형성의 측면에서 생각하면 매우 큰 도움이 되는 일들뿐이다. 그러한 의미에서 참가자에게 있어서는 부가 가치적인 것이더라도 배우고 익히고 가르침을 받은 사실에 대해서는 잘한일이라고 생각하게 되는 법이다.

그러므로 이제부터의 세미나 주최자는 세미나 본래가 의도하는 것을 단순하게 단기간 중에 집중적으로 가르쳐서 터득시키기로만 생각해서는 안 된다. 물론 세미나 본래의 의도하는 것, 이를테면 회사의 경우라면 그 회사의 경영 이념이나 판매방법 등과 같은 것을 착실하게 가르쳐 터득시키지 않으면 안 되는 것은 당연하다. 그러나 그와 동시에 직접 회사라든가 경영과는 관계없는 메뉴, 그것도 되도록 새로운 메뉴를 엮어 넣어서 개최하는 것이 앞으로의 세미나가 나아가야 할 좌표가 아닐까.

유행을 따르자는 것은 아니지만 세간의 풍조를 받아들인다는 것도 자극이 있어서 나쁘지 않다.

남성만의 모임이면 조금쯤 시간을 할애해서 가정요리를 만드는 방법을 강습해 본다거나 필요할 때 쓸 수 있도록 여흥용의 요술 몇 가지를 가르친다거나 샐러리맨의 일생 동안에 반드시 여러 차례 만나게 될 관혼상제의 예법을 습득시킨다거나 우리 고래의 예의범절의 기본을 알게 해 주는 것…… 따위, 즉효성이라고 할까, 일상생활 속에서 필요한 실용적인 일들을 가르쳐 준다는 것은 확실히 참가자를 위해 뜻있는 일인 것이다.
 그리고 이와 같은 일이 끝나고 보면 의외로 참가해서 잘했다는 생각이 들게 되는 것이다.

강사의 지도력

　세미나 연수회가 성공하느냐, 아니면 실패로 끝나느냐. 이것의 키 포인트는 그 세미나 연수회의 일정을 어떻게 짜느냐에 달렸다는 것은 이 단원의 첫머리에서 기술한 바와 같다.

　이와 함께 또 한 가지 중요한 것은 그 세미나 연수회에서 지도하거나 강연을 하거나 하는 인물이 그 나름의 파워를 가지고 있고 풍부한 경험의 소유자가 아니면 안 된다는 것이다. 만약 그러한 강사나 지도진이 박력이 없거나 익숙하지 못하거나 하면 그 세미나 연수회의 효과는 전적으로 기대할 수 없게 된다.

　그러므로 첫째로 말할 수 있는 것은 강사나 지도진에는 활력이 있는 인물을 엄선해야 한다는 것이다.

　박력이 없는 강사를 골랐기 때문에 귀중한 강의의 두 시간이 참가자 전원의 낮잠 시간이 되고 말았다면 어떻게 할 것인가. 역시 힘 있게 참가자를 이끌어가는 것 같은 강의를 할 수 있는 강사거나 지도력을 갖춘 지도진이 아니면 안 된다.

　특히 장기간 동안 행해지는 세미나의 경우에는 이와 같은 상태에 놓여 있는 참가자의 인간심리를 잘 파악하고 있는 강사를 선정할 필요가 있다. 평론가적인 비평에 시종하는 것 같은 강의 내용이 되어서는 참가자들은 이내 권태를 느끼고 만다. 그보다는 오히려 실천적이고 체험적인 이야기 쪽을 참가자들은 좋아하는 것 같다.

그러므로 세미나 연수회를 개최하고자 하는 주최자에게 필요한 것은 그 세미나 혹은 연수회에 초청하는 강사나 지도진이 내용적으로나 인물적으로 적당한가 아닌가에 대해서 사전에 잘 검토해 두어야 한다. 가능하면 한 번 쯤, 그 강사들의 강의를 들어 두고 그 지도 방법 같은 것은 자기의 눈으로 확인하여 좋겠다고 판단한 후에 결정하는 것이 가장 좋다.

매스컴에서 들먹여지고 있다거나 이름이 세상에 널리 알려져 있다고 하는 단순한 이유로 강사로서 초빙했더니 아무런 내용이 없는 극히 흔한 이야기로 끝나고 말았다는 것은 흔히 있는 일이다. 이름에만 현혹되고 말아, 내용이 그 세미나에 적합한 것이 아니었기 때문이다.

도리어 이름은 나지 않은 사람이더라도 실제로 체험했거나 평소에 한 가지 일에 골몰하고 있는 사람의 이야기가 보다 설득력도 있고 내용도 충실할 수 있다. 이를테면 외길로 한 가지 일을 터득한 사람이라든가, 특수한 재능을 가진 사람, 혹은 강렬한 개성의 소유자라든가, 아무튼 초전문가가 좋을 성 싶다.

하기야 박학한 것도 좋기는 하나, 세미나 연수회에 있어서의 강사나 지도자는 역시 한 분야에 뛰어난 인물이 가장 적합하다. 길

은 다르더라도 한 길을 이룩한 인물은 왜 그런지 모든 면에서 공통점을 가지고 있다. 그리고 그 노력한 일, 옆도 돌아보지 않고 정열을 쏟은 일, 그 인물의 특성, 인격 등등, 그 모든 것을 이야기의 구석구석에서 엿볼 수 있고, 행동에서도 절로 겉으로 나타나게 되는 법이다.

 일정을 짜는 일도 중요하지만 세미나 혹은 연수회에 참가한 모든 사람을 강렬한 인상으로 항상 이끌어가기 위해서는 강사나 지도진을 선정함에 있어서 엄격한 선정을 필요로 한다.

마음의 변화

사람이 어떤 일에 마음속으로부터 감동하거나 다른 아무것도 돌보지 않고 행동을 일으킨다는 것은 깊이 공감했을 때이고 어떤 일이 있더라도 해 보겠다고 느꼈을 때이다.

불교의 세계에서는 사람의 「행위」라는 것을 「신구의의 삼업」에 의해서 행동한다고 풀이한다. 다시 말하면 단순히 신체만을 움직이고 있더라도 이것은 어디까지나 표면적인 것에 지나지 않는다. 그것에 「입」, 곧 말이나 호흡, 먹은 것과 같은 행위가 작용하고 그 위에 「의」, 곧 「마음」, 하려고 하는 마음, 해 보겠다고 하는 마음, 불타는 것과 같은 마음 따위, 이것들이 삼위일체가 되어 작용하지 않으면 참다운 행동이라고 말할 수 없다고 말하고 있다.

사실이 그대로이다. 이 「신구의」 중 하나가 빠져 있어도 참다운 행동이라고 말할 수 없다. 소위 사람이 절차탁마하여 자기를 향상시키려 할 때에는 이 신, 구, 의(마음)의 셋이 완전히 합체하여 종합력을 발휘하려 한다.

그렇지 않으면 전 능력이 최대한으로 발휘되지 못하는 것이다.」

세미나나 연수회에 참가하려 하는 사람들의 마음속에는 자기 자신을 무엇인가의 형태로 향상시키고자 하는 마음을 가지고 있는 것이다. 그러한 사람들을 충분히 만족시키기 위해서는 그 세미나나 연수회의 개최 중에 이 신, 구, 의가 자극되고 동시에 순발력이 되어 발휘될 만한 내용의 편성이 면밀하게 기도되지 않으면 안 된다.

 따라서 일정의 편성이란 대목에서 가히 기술한 바와 같이 참가자 각자로 하여금 신체를 움직이게 하고 발언하도록 하게 하는 것은 이 신, 구, 의의 삼업에 결부하기 위한 행동을 편성하기 위한 제창인 것이다.

 특수한 훈련법으로 많은 신봉자를 가지고 있는 H씨는 늘 인간의 감성을 불러일으키라고 말하고 있다. 이 말은 곧, 인간이란 것은 만부득이한 심경이 되었을 때야 말로 마치 화산이 분출하는 것처럼 큰 힘을 발휘하여 자기 자신을 움직인다는 것이다.

 감성이 자극되어 도저히 그냥 있을 수 없는 기분이 되었다는 것은 무엇인가에 집착되어 있던 마음을 버리고 참된 인간성에 눈뜬 순간이라고도 말할 수 있을 것이다. 그리고 자기가 자기 자신을 재발견했을 때라고도 말할 수 있다. 이와 같이 뜨거운 마음이 되었을 때, 다시 말해서 감동이나, 눈물, 땀, 극한에 대한 도전……그러한 것이 진실로 인간을 움직이는 것이다.

 마음을 움직인다는 것은 무엇인가. 인간의 마음을 움직이기 위해서는 어떻게 하면 되는가-. 주최자는 이 점을 잘 생각하지 않으면 안 된다.

감성이 자극되어 도저히 그냥 있을 수 없는 기분이 되었다는 것은 무엇인가에 집착되어 있던 마음을 버리고, 참된 인간성에 눈뜬 순간이라고도 말할 수 있을 것이다. 그리고 자기가 자기 자신을 재발견했을 때라고도 말할 수 있다. 이와 같이 뜨거운 마음이 되었을 때, 다시 말해서 감동이나, 눈물, 땀, 극한에 대한 도전……그러한 것이 진실로 인간을 움직이는 것이다.

마음을 움직인다는 것은 무엇인가. 인간의 마음을 움직이기 위해서는 어떻게 하면 되는가. 주최자는 이 점을 잘 생각하지 않으면 안 된다.

제13장
마음을 움직이는 프레젠테이션

강연회의 입안과 개최

시간제약의 활용

　강연회는 토의라고 하기보다는 일방통행과 같은 성질을 가지므로 회의의 종류에는 속할 수 없지만 그 중에는 강연이 끝난 뒤 청중과의 질의응답이 있는 것도 있으므로 여기에 들기로 한다.

　먼저 배려하지 않으면 안 될 것은 강사의 선정이다. 너무 많은 강사를 초빙하는 것은 시간적으로 제약을 받아 좋지 않다. 한 가지 문제에 대해서 청중의 이해를 얻으려고 생각하면 한 시간 내지는 한 시간 반의 시간이 필요하다. 이것은 곧, 강사 두 사람이면 두 시간 내지는 세 시간이 소비된다는 말이다. 청중이 적극적으로 귀를 기울여 주는 최대한의 시간은 세 시간 전후이므로 두 사람 이상은 이미 무리라는 것이다. 네 시간, 다섯 시간이라는 장시간의 강연회도 될 수 없는 것은 아니지만 강연하는 쪽과 듣는 쪽이 가장 적합한 정신 상태에 있기를 바란다면 첫째로 두 사람 이상의 강사를 선정해서는 안 된다.

　강사는 들어 주기를 원하고 이해해 주기를 바라고 있기 때문에 초빙하는 쪽의 그 심정을 이해하지 못하고 다만 강연만 해 주면 된다고 생각하는 것은 바람직하지 못하다. 강사에게는 우선 시간적으로 만족한 것이 되지 못하면 실례가 될 뿐 아니라, 강사가 만족하지 못하는 데에 청중의 만족도 있을 수 없다.

다음으로는 회장의 설영이 중요하다. 아무리 좋은 강연 내용이라도 듣기 어렵고 강연하기 어려운 회장이어서는 효과가 반감된다. 인원수가 많은 경우 마이크는 필요 불가결하다. 마이크의 성능에도 세심한 주의를 기울여야 한다. 그것도 가능하면 두 개, 사회자용과 강사용을 준비한다. 보드, 백묵, 물주전자, 물수건도 준비해야 한다. 사회자는 그날의 테마를 잘 이해하고 강사의 인품과 경력에도 정통해 있어야 한다.

"A강사에 대해서는 제가 견식이 부족하여 자세하게 소개드리지 못하는 점 죄송하게 생각합니다. 듣는 바에 따르면, ○○이라는 책을 저술하신 듯하며 경제나 정치 분야에 대해서도 조예가 깊으시다고 합니다."

이와 같은 소개는 강사에 대해서 실례가 될 뿐 아니라 청중의 기대도 저버리는 것이다. 역시 그 강사에 대해서 이러한 점을, 모두가 알고 싶어하고 있는 점을 지적하여 소개하는 것이 필요하다.

강연이 끝난 뒤의 질문에 대해서는 사회자와 강연자의 사전 협의가 필요하며 무계획한 진행이 되어서는 강사도 곤란하고 청중도 당혹하게 된다.

# 강사선정

　강사를 선정하는 데는 신중을 기해야 한다. 사람을 많이 모을 필요가 있을 때는 네임벨류도 상당히 고려하지 않으면 안 되지만 중요한 점은 내용이다. 훌륭한 문장을 쓰는 사람이 반드시 말을 잘 한다는 법은 없다. 저명한 작가를 초빙하여 강연회를 열었던바 크게 실망했다는 예도 흔히 있다.
　반대의 경우도 당연히 생각할 수 있다. 초대자는 사전에 강사의 출신, 전문적 분야, 화술 같은 것도 알아야 한다. 일반적으로 학자는 말이 서투르고 이야기가 지루하다. 그러나 듣는 쪽이 전문적인 것을 바라고 있으면 화술은 별 문제로 하고 내용은 농도가 짙다. 강연에 익숙한 사람의 이야기는 재미가 있고 권태를 느끼게 하지는 않으나, 내용이 빈약한 것이 있다. 초대자는 이러한 것을 잘 생각해서, 모이는 사람이 무엇을 바라고 있는가, 무엇을 듣기를 원하는가, 그리고 무엇을 가지고 돌아가려 하고 있는가를 검토할 필요가 있다. 강사 선정의 포인트는 그 사람이 자기의 전공을 얼마만큼 공부했고 힘을 쏟아 왔는가를 바르게 파악해야 한다. 이에 따라 말이 서투르더라도 듣는 사람의 마음에 감동을 주는 것이다. 그리고 강연자의 인격이 여실히 강연에 반영된다는 것도 알아두어야 한다.
　연제는 텔레비전의 상업 공고와 같은 것으로 일종의 캐치 프레이즈이므로 사람의 모임의 다소에도 크게 영향한다. 사람의 흥미도 절로 달라진다. 연제에 대해서는 초대자 쪽에서 미리 정해 놓고 강사에게 타진하는 경우와 강사 쪽에서 결정하도록 하는 두 가지 방법이 있는데 전자는 위험성은 다소 있지만 해프닝이 기대된다. 후자는 안전성은 있지만 그 이상의 테두리를 벗어나지 못하는 경우가 많다.

지금의 세상은 「총 평론가」의 시대로 어린아이라도 정책을 비롯해서 영화나 텔레비전의 평론까지도 해 치우는 시대이다. 그러므로 전혀 다른 분야의 강사를 불러 이야기를 듣는 것도 의외로 좋은 결과를 얻는 경우가 있다.

판매 회의나 선전 회의에 「스님」을 부르는 것은 터무니없이 엉뚱한 일인 것 같이 생각되지만 그 특이한 직업과 생활에서 정해진 테두리 속에서 살고 있는 사람과는 다른 발상을 낼 수 있어 놀라운 아이디어를 얻는 일이 있는 것이다.

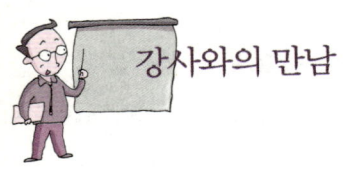
강사와의 만남

　초대자는 되도록 사전에 강사와 접촉을 가져 두는 것이 바람직하다. 자택이나 사무실을 방문하여 비록 5분간이라도 이야기를 주고받음으로써 인간적인 유대를 가져야 한다. 당일에 가서 질의응답이 있는 경우라도 강사의 사람됨을 알고 있으면 도움이 되는 것이다.
　멀리서 강사를 초빙한 경우 초대자 측으로서는 명소 고적을 안내한다든가, 공장 견학을 시킨다든가, 연회의 자리를 마련한다든가 하려고 마음을 쓰게 된다. 이것은 모두가 호의에서 나오는 일이므로 강사에게 있어서는 기쁜 일이다. 그러나 그러한 호의의 강요만은 피하는 것이 좋다. 강사는 어디까지나 강연을 할 목적으로 와 있다. 강연 전의 몇 시간의 관광이나 견학 혹은 연회석 따위는 강사를 피곤하게 만든다. 강사로서는 박절하게 거절도 못해서 곤란을 느끼는 경우가 있다. 어디까지나 강사의 희망에 따라야 한다. 강사 쪽에서 관광이나 견학을 희망하여 스케줄에 넣는 경우라도 강연에 앞서서는 휴식을 취할 시간이나 장소를 두어야 한다. 여성 강사의 경우는 몸단장을 하거나 화장을 고치거나 남자로서는 생각이 미치지 못하는 일들이 있는 법이다.
　새롭고 쾌적한 기분으로 좋은 이야기를 하도록 하기 위해서는 초대자 측의 배려가 있어야 한다. 강연 전에 회장을 강사에게 보여주는 것도 좋다. 배우가 무대나 관객석을 모르고 연기하는 것이 불안한 것과 같이 강사도 미리 회장을 보아두면 안심이 되는 것이다. 당일의 참석자에 대해서 연령층이나 인원수 같은 것을 귀띔해두는 것도 마찬가지 뜻에서 바람직하다. 주의 깊은 강연자는 회장이나 참석자뿐 아니라 좌석의 배치나 광선의 상황, 음향효과까지도 계산에 넣는 법이다.

 강사에는 여러 가지 타입이 있다. 기호나 취미는 천차만별이다. 좋아하는 음식이나 취미도 초대자 측은 알아두는 것이 좋다. 조개류를 좋아하지 않는 사람에게 아무리 신선하고 진미라고는 하더라도 그것들을 내어놓아서는 난처할 뿐이다. 고서적이나 골동품에 흥미를 가진 사람에게 있어서는 명소나 고적보다 고서점이나 골동품 가게에 안내 받는 편이 반가운 경우가 있다.

 강사와의 접촉에 있어서의 마지막은 정성이 깃든 인사장이다. 한 장의 엽서라도 좋으니 이것은 예의로서 내도록 하는 것이 좋다. 시일이 경과한 뒤에도 계절마다 인사장을 잊지 않고 내는 사람이 있었는데, 이렇게 하면 더 바랄 것이 없다.

 그와 같은 초대자에게는 그야 말로 엽서 한 장만으로도 그 다음의 초대에 대해서 강사는 응해 줄 것이 명백하다.

사전준비의 철저성

 강사를 초빙함에 있어서는 첫째로 예의를 잃지 않아야 한다. 하물며 친구를 집에 초대할 때에 그 나름대로 마음을 쓰는 법인데 강사라면 그것에 상응하는 초대법이 있다. 전화를 통한 의뢰도 별로 비례가 되는 것은 아니지만 일단 문서로 의뢰하는 형식을 취하는 것이 바람직하다.

 요즘은 강연이 성행하여 강사라는 사람들은 매우 바쁘다. 특히 세상에 알려진 사람은 살인적인 스케줄을 소화시키고 있다. 전화를 통한 의뢰는 그와 같은 사람에 대해서 이따금 차질을 일으킨다. 그러므로 문서의 형식으로 의뢰하는 것과 동시에 반드시 회신도 받아 두도록 한다. 개회 시간인데도 강사가 도착하지 않는다. 문의해 보았더니 강사가「깜빡 잊어버리고」예정에 넣지 않았다 하는 것이 되어서는 어떻게 해볼 방도가 없다. 강사와의 약속은 하나의 계약이므로 답장을 받아 두면 안심이 된다.

 주최자 중에는「귀하(강사)의 선전에도 도움이 되니까」라고 생각하는 사람이 있다.「선생님께서 강연해 주실 회합은 각계 명사의 모임으로 선생님의 PR에도 도움이 될 것이라고 생각되므로 ……」, 이와 같은 식으로 의뢰하는 사람이 있다. 선생이라고 추켜올려 놓고, 당신의 선전이 되니까라고 은혜를 입혀 주는 것 같은 말투를 쓰는 것은 옳지 않다. 하기야 자기선전이라고 생각하는 사람도 있지만 진지하게 자기의 강연을 들어주기를 바라는 강사나 바쁜 강사에게 있어서는 그다지 유쾌한 것이 되지 못한다. 강사에게 있어서는 자기의 강연 내용을 진지하게 들어주는 초대자, 이것이 으뜸이다. 먼 곳에서 강사를 초빙하는 경우, 사전에 일정에 대해서 협의하여 숙박이나 교통 등에 대해서도 충분하게 배려를 해 두어야 한다. 저술이나 강연 그리고 텔레비전으로 뛰어다니고 있는 강사의 경우, 상세한 회답의 편지나 엽서를 쓰고 있을 틈이 없는 사람도 있다. 그러므로 왕복엽서에 숙박시설과 교통의 수배 등에 대해서 강사 쪽에서 「O・X」만 표하면 되도록 하는 배려도 있음직하다.

사례는 어려운 문제이다. 현금으로 하는 것은 실례가 아닐까. 기념품 같으면 어떤 것이 좋을까. 그 선정에 망설여지는 것이다. 우리나라는 예부터 돈에 대한 말을 하는 것은 실례라고 하는 풍조가 있지만 명산품이나 명과 기념품만 하기보다는 돈만 하는 편이 직접적이라서 좋은 경우가 많다. 현금과 그 지방의 명산품을 조금 보태는 방법이 좋지 않을까 생각된다. 현금의 경우, 그 액수를 정하는데 고심하게 되지만 미리 타진해 두는 것도 하나의 방법이고 그렇지 않을 때는 상식으로 판단할 수밖에 방도가 없다. 다만 강사가 얼마를 요구하게 만들지 않도록 하는 것이 철칙이다.

강연자란

　강연회라고 하면 지극히 단순한 행사처럼 여겨지지만 그 성과를 두고 말한다면 평가는 복잡하게 된다. 매우 훌륭한 강연회는 주최자, 강연자, 청중의 3자가 전적으로 일체화되었을 때 비로소 성취되는 것이다.
　강연자라고 하는 것은 보는 관점을 달리 하면 무대 위에 서는 배우와도 같은 것이다. 연극에는 그 연극의 효과를 돋우는 장치가 있고 메이크업이 있으며 의상이 있다. 그러한 준비가 완전히 갖추어지고 그 위에 연출이라고 하는 최후의 마무리가 보태어진다. 이와 마찬가지로 강연회에도 그 나름의 스탠바이가 필요하다.
　연극과 같은 세밀한 장치는 필요하지 않다 하더라도 그 나름의 화장은 필요하며 또한 그 강연회에 알맞은 옷차림을 검토한 위에 연단에 설 마음가짐이 필요하다. 곧 강연자 자신이 연극을 구경할 때의 관객의 기분이 되어 본다는 것이다.
　개막의 벨이 울리고 장내가 어두워지면 막이 올려 진다. 그 순간, 관객은 누구나가 모두 이제부터 등장할 배우에게 그리고 전개될 드라마의 내용에 숨을 죽이고 기대를 모은다.
　강연회도 마찬가지이다. 어떠한 강사가 어떠한 모습으로 어떠한 내용의 이야기를 할 것인가라고 기대하고 있는 것이다. 그러므로 강연회에서의 최대 포인트는 이 도입 부분에 있다고 말할 수 있다. 그리고 그 도입 부분에는 하나의 흐름이 있다는 것을 알아두기 바란다.

 사회자 등 강사를 소개하는 사람이 청중을 요령 있게 리드하여 강연자가 등단하기 이전에 분위기를 돋워 놓으면 청중은 강연을 듣기 전부터 벌써 강연자의 강연 내용을 듣고자 하는 터도를 일으킨다. 졸렬한 사회나 틀린 강사 소개를 하고 나면 강사 자신도 당혹을 느껴서 등단하는 타이밍을 잃게 되어 우스꽝스러운 것이 되고 만다.

 만약 등단한 강사가 젊을 뿐 아니라, 몸집이 작으면 청중은 자기가 생각하고 있었던 이미지와 너무도 거리가 멀기 때문에 일종의 실망과 기대에 어긋난 느낌을 가지게 될 것이다.

 등단의 순간에 강사는 본능적으로 장내의 그러한 공기를 피부로 느낀다. 강사와 청중 사이에 이와 같은 위화감이 일어났을 때는 이미 둘 사이에서는 미묘한 불꽃이 튀고 있는 것이다. 청중은 잠재적으로 품고 있었던 이미지와 같은 강사가 나타나지 않으면 실망하게 되고 이윽고 그 강사를 얕잡아 보거나 경시하고 마는 경향이 있다. 한편, 강사는 그러한 청중의 태도나 분위기를 감지하게 되면 자기도 모르게 고자세가 되기 쉽다.

수행자의 연출

　도입의 프로세스란 사회자로부터 소개를 받고 등단하는 장면뿐 아니고 강연 회장에 들어가는 데서부터 시작한다.
　회장 안에 표연히 혼자 들어가는 것이 아니고 수행자를 거느리고 그 사람을 앞세워 당당하게 들어간다. 강사 소개가 끝나고 곧 본인이 단상에 오르는 것이 아니라 다시금 수행자의 알림을 받고 비로소 등단한다는 자세를 일관하는 것이다.
　이와 같은 과정을 청중이 목격하고 있으면 과연 그 자체를 직접으로 판단하거나 비평하거나 하는 일은 하려 들지 않는다. 그 수행자라고 하는 필터를 통해서 강사를 보는 것이다. 곧 수행자를 앞장세워 등단하는 강사, 알림을 받고 등단하는 강사라고 하는 것은 수행자가 단지 한 사람 있을 뿐인데도 청중에게는 훌륭하게 돋보이는 것이다. 청중에게 훌륭하게 보인다는 것은 의외로 많은 효과를 발휘한다.
　우선 청중에게 외경의 마음을 심어 강사와의 사이에 상당한 거리감을 자각한다. 그래서 그 일이 청중으로 하여금 듣고자 하는 태도를 일으킨다. 필자 자신도 수행자를 동반했을 때, 그러한 마음의 변화가 청중 속에 일어나고 있음을 곧잘 체험하고 있다.
　이것은 조금도 강사가 거드름을 피우고 있다거나 허세를 부리려고 하는 속셈이 아니다. 솔직하게 말하고 그것을 꼭 들어주도록 하기 위한 분위기를 조성하고자 하는 하나의 연출이며 또한 노력의 표현인 것이다.

　무대나 스크린을 통해서 보는 배우는 매우 훌륭하지만 옷이 날개라고 말해지는 것처럼 그 의상이나 화장 더욱이 주역의 주위를 둘러싼 바이 플레이어의 존재에 의해서 주역이 한층 빛난다는 것은 알고 있는 일일 터이다. 그러므로 배우를 무대 뒤로 방문하고 그 화장을 지운 얼굴을 보고는 실망하고 마는 일도 있는 법이다. 마찬가지로 얼핏 보아서는 단순하게 보이는 강연에도 도입 방법의 테크닉 등 약간의 연출 연구가 그 강연을 성공으로도 실패로도 이끌어가는 것이다.

　그러므로 좋은 강연회를 개최하기를 바란다면 주최자는 항상 강연자의 입장에 서서 그 강사에게 존경하는 마음을 가지지 않으면 안 된다. 그리고 그것을 구체적인 형태로 나타내도록 생각하지 않으면 안 된다. 주최자의 그러한 진지한 태도가 있어야만 청중 속에 강연을 진지하게 들으려고 하는 이모션도 일어나고 결과적으로 보면 그 강연회는 훌륭하게 성공하였다고 말할 수 있게 된다.

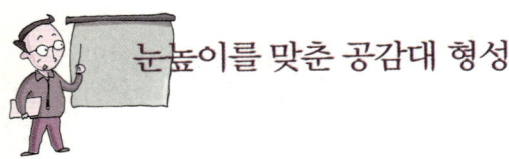
눈높이를 맞춘 공감대 형성

　청중은 일부러 회장까지 찾아와 이야기를 들으려고 하는 자세도 표리일체로 가지고 있다. 그리고 무엇인가를 얻기 위해 와 있는 것도 사실이다. 그러나 이러한 청중은 권태를 느끼거나 핀잔을 하기 쉬운 다루기 힘든 군중이다.
　그래서 강연회에 내장한 청중 중에서「잘했구나」,「좋은 이야기였다」라고 하는 감상을 가진 사람을 찾아내어, 그들의 감상을 집약해 보았더니 다음과 같은 공통점이 떠올라왔다. 곧, 강연 내용이 청중에게 공감을 불러일으켰을 때야 말로 청중은 만족하고 있다는 것이다.
　확실히 청중은 신변에 가까이 있는 자기가 가지고 있지 않고 자기가 알지 못하는 자기와 다른 분야의 일들에는 강한 호기심을 보인다. 그리고 그와 같은 이야기를 찾고 있는 것이다. 그런데 강연의 내용이 전혀 자기네와 떨어진 먼 세계의 이야기이거나 한다면 벌써 그 이야기는 흥미를 끌지 못하고 만다. 하물며 공감 같은 것이 생겨날 리도 만무하다.
　청중의 탄성을 자아내고 공감을 일으킨다는 것은 입장이나 분야가 다르더라도 가능하다. 이야기 내용의 어딘가에 청중과 공통하는 공감을 느끼게 하는 접점만 있다면 납득하는 것이다. 더욱이 그것들이 자기의 생각과 같거나 자기의 생각이 옳은가 그른가 하고 헤매고 있을 때에 강사로부터 명쾌하게 지적받으면 자신을 가질 수 있게 되어 그 사실을 납득하고 「잘했구나」라는 결과가 된다.

 따라서 청중과 강사가 입장이나 분야를 달리하고 있더라도 이와 같은 공감을 부를 수 있는 강연회를 개최해야 하며 강사의 선택도 그에 따라 정하도록 하는 것이 중요하다.

 오늘날과 같은 성숙한 정보화 사회에서는 10분 전에 일어났던 일이더라도 깜짝할 사이에 전국에 알려져서 대다수의 사람들이 알게 된다. 그 누구든지 알고 있는 일을 아무리 나열해 쾨았자 공감 같은 것을 부를 수 있을 까닭이 없다. 하물며 마음속으로부터의 감동 따위가 일어나는 것이 아니다. 그러므로 평론적인 이야기나 비평적인 이야기, 비평적 강연이라는 것은 아무래도 박력을 잃는다. 어느 주간지에 실렸던 것 같은 일을 아무리 역설해 본들 그 순간은 청중이 납득하더라도 곧 잊혀지고 말 것이다.

 강연이 끝난 뒤, 계속 여운을 남긴다는 것은 마음속으로부터 인간으로서 납득이 간다는 데에 중요한 의의를 가지는 것이 아닐까. 그리고 청중에게 있어서는 강연의 내용도 내용이려니와 강사가 자아내는 전체상, 곧 표정이라든가, 어조, 거기에 이야기의 구성…… 이러한 것을 종합적으로 판단해서 평가에 대신하는 것이다.

 말하자면 청중은 어려운 것은 좋아하지 않는다는 것이다. 그러므로 표현이나 말씨 등은 14~16세의 중학생을 대상으로 말하는 것 같이 하는 것이 가장 좋을 것 같다. 말도 평이하고 내용도 알기 쉬워 누구에게도 이해될 수 있기 때문이다.

누구에게나 이해된다는 것은 누구에게나 알도록 한다는 것이며 아는 것에 의해서 공감도 절로 일어날 것이 당연하다. 아무튼 강사가 단 1분이라도 강연 중에 마음의 끈을 늦추면 청중은 이내 눈을 감고 만다. 또한 3분간이나 어려운 이야기가 계속되면 청중은 벌써 조는 상태가 된다.

하물며 10분이나 20분 동안 청중과는 아무런 관계도 없는 어려운 내용이나 말이 계속되면 청중은 빨리 끝내어 달라고 생각하는 것이다.

내용적으로는 아무리 충실하고 훌륭한 것이더라도 그것을 알기 쉽게 표현하지 못하는 강연이라면 아무 소용도 없게 되고 만다. 이것이 강연에 있어서 가장 어려운 점이다.

훌륭한 학자의 강연은 그만큼 처음부터 기대가 크다. 그러나 이야기가 차츰 진행해 나가는 동안 열심히 귀를 기울이고 있어도 알 수가 없다. 내용과 표현이 모두 너무 어렵다. 아무래도 교실에서 듣는 강의조가 되어 있다.

이렇게 되면 청중은 그 내용을 이해하려 들기 전에 벌써 권태를 느끼고 말게 되는 것이다.

한 문장의 감동적인 말

　소설가나 학자는 그 풍부한 지식이나 폭넓은 박식으로 사물을 표현하므로, 그들이 저술한 서적에 접하는 독자에게는 큰 감동을 준다. 읽고 있으면 그 필자의 전체상이라는 것도 머리에 떠오르고 내용도 독자가 가지는 풍부한 상상력을 자극해서 충분히 이해도 될 수 있고 공감도 느끼는 것이 가능하다. 따라서 행여 그 저자를 만나 훨씬 더 파고 든 이야기를 들어 보았으면 하는 충동을 느낀다. 그런 경험은 독자도 가지고 있을 것이다.

　그런데 그것이 대단히 잘못이라는 경우가 많다. 다시 말하면 같은 일에 대해서 문자를 써서 표현하는 경우와 말, 곧 이야기로 표현하는 것과는 근본적으로 다름이 있다. 흔히 「그는 문장은 잘 쓰지만 말은 서투르다.」라든가, 반대로 「말은 썩 잘하지만 문장은 잘 못 쓰거든」이라고 말하는데 이것은 그런 데에 원인이 있다고 생각된다.

　웃음이나 감동 같은 것에 대해서 말할 때는 「누구한테서 들은 얘기인데……」라든가, 「좀 전에 읽은 소설에……」하든가, 「얼마 전에 본 영화의 장면에는 ……」과 같은 사례나 표현은 피하는 것이 좋다. 왜냐하면 그와 같은 이야기 투는 듣는 사람에게 다소 그 인상의 강도를 약화시키는 결점이 있기 때문이다.

# 감동의 형성

역시 이 종류의 것은 자기가 직접 견문하거나 체험한 것을 솔직하게 호소하는 것이 좋다. 보고 들은 순간의 놀라움이나 감동을 또는 체험했을 때의 신체의 떨림 따위를 있었던 그대로 진정어린 마음으로 이야기해야 한다. 이러한 이야기는 비록 표현방법이 서툴더라도 반드시 듣는 사람에게 자기의 감동이나 감격을 전할 수가 있는 것이다.

눈물도 마찬가지다.

부처님은 「사람을 보고 설법하라」고 말씀하셨다. 또한 「방편」이란 것도 말씀하셨다. 설법 가운데서도 종종 비유를 하셨다. 이는 참으로 설법이란 것의 본질을 꿰뚫은 것이다. 강연에 있어도 같은 말을 할 수 있는 것이 아닐까. 그런 관점에서 화술이라는 것을 생각해 보면 가장 멋진 숙달자는 만담가나 재담가가 될지 모른다.

그들은 사람을 웃기는 요령을 터득해 있고 인정의 야릇한 낌새를 건드리면서 이야기하는 수업을 쌓고 있다. 프로로서 직업적 예를 닦기 위한 노력을 일상적으로 기울이고 있기 때문에 도저히 우리네는 따를 수 없다. 이와 같은 만담은 한자리의 좌흥으로서 듣고 지나가 버리는 사람에게는 확실히 즐겁고 유쾌하다. 그러나 강연회는 그런 극장이 아니다. 앞에서도 말한 바와 같이 청중은 무엇인가를 얻고자 나와 있는 것이다. 그래서 적으나마 마음에 남는 것이 없으면 만족하지 않는 법이다.

 만담은 강연과 달라서 웃음을 통해서 마음속에 유쾌한 파장을 일어나게 하는 데에 목표를 두고 있는 것이니 이점에서 다소 강연과는 성격이 다르다. 강연은 말하는 사람의 사상이나 정신이라는 것을 무엇인가의 형태로 청중에게 반영시키려고 하는 작업이다. 그러므로 비록 하나라도 좋으니 무엇인가를 청중의 마음속에 남기지 않으면 말하는 사람에게 있어서는 실없기만 하다. 청중으로 하여금 싫증을 느끼지 않고 시종 강연자의 말에 귀를 기울이게 하며 그 위에 자기의 의사를 전하도록 한다.

문제발생과 대처

숙연하여 기침소리 하나 나지 않는 강연 또는 긴장이 가득 찬 공기 속에서 전개되고 있는 강연이라도 단 한 사람의 지각없는 청중에 의해 그 고요와 긴장한 공기는 한 순간에 깨드려지고 마는 일이 있다. 열심히 귀를 기울이고 있는 청중이더라도 이를테면 한 여성이 별안간 문을 열고 회장 안으로 들어오면 청중의 시선은 순간적으로 그 여성 쪽으로 달려가고 만다. 학교 같은 데서 강연하는 경우에 흔히 있는 일은 학생에 대한 연락 사항이 확성기를 통해서 가끔 회장 안으로 흘러 들어오는 일이다. 그 순간 청중의 귀는 스피커 소리에 빨려들고 만다.

소리나 냄새 따위 이른바 인간의 오감에 촉감 되는 것은 특히 그것이 강연 중에 조용하면 조용할 수록 민감하게 반응하여 흡수도가 높은 듯하다.

연수회나 강연회에서 곧잘 일어나는 사건에 청중의 누군가가 타고 온 차량을 주차장의 사정으로 옮겨 달라고 하는 경우의 것이 있다. 그 때문에 자동차의 번호를 종이에 써서 회장의 한 구석에 높이 쳐들어 청중에게 보이거나 혹은 담당자가 그 인물을 기웃거리며 찾아다니는 일이 있다. 이러한 행위는 강연자에게 있어서는 참으로 지장을 주는 처사로, 청중의 관심이 그 바람에 그 쪽으로 쏠리는 것이 훤하게 보인다.

 그 때문에 강연자는 청중의 관심을 엉뚱한 곳으로 빼앗기지 않으려고 공연히 소리를 높이거나 그러한 행위를 하려고 하는 인물에게 주의를 주려고 하거나 하면 회장은 점점 더 깊이 빠지고 말아 모처럼의 강연도 부질없이 되고 만다.

 이에 따라 여러 가지 방어 수단을 준비해야 한다. 예를 들어 우선 강연을 스스로 중단한 다음 그 종이에 써진 내용을 당당하게 읽어주는 것이다. 확실히 그 순간은 청중의 관심이 거의 전부 그 종이쪽지에 쏠릴지 모른다. 그러나 해당자가 찾아져서 바깥으로 나가고 나면 다시 아무 일도 없었던 것처럼 강연을 계속해 나아가는 것이다.

 이와 같은 강연자의 대담한 행동은 청중에게 극히 짧은 시간의 공백을 주었을 뿐, 강연이 재개된 후는 그 때까지 이상으로 자연스럽게 귀를 기울여 준다. 청중의 그와 같은 심리를 분석해 보면 확실히 이야기는 거기서 끊겼을지 모르나 강연자의 같은 입과 같은 말투로 자동차의 번호가 불려지고 그런 뒤 다시 같은 말투로 이야기가 되돌아 왔다는 이른바 강연자를 중심으로 한 의식이 그 회장에 흐르고 있기 때문에 결과적으로는 강연 그 자체가 중단되지 않았다고 하는 것을 알게 된다. 이 일이 청중을 다시 강연자에게로 자연스럽게 돌아오게 할 수 있었던 것이 아닐까.

 전화도 마찬가지다. 불행하게도 강연 도중에 전화의 벨이 울리면 우선 이야기를 중단하고 그 전화의 용건을 빨리 마치도록 지시하며 끝난 데서 이야기를 되돌리는 것이 좋다.

강연의 장애라고 하면 가장 큰 장애물은 무엇을 두고라도 핀잔이다. 핀잔을 겪지 못한 강연자는 갑자기 통렬한 핀잔이 퍼부어졌을 때, 속수무책이 되어 단 위에서 얼어붙고 만다. 그런데, 유능한 강연자는 그 핀잔을 교묘하게 처리하고 마는 것이다. 청중의 핀잔에 대처하는 방법과 수단을 관찰해 보면 통렬하게 날아오는 핀잔을 가볍게 받아 넘기거나 차라리 그것을 긍정하는 꼴로 받아들이거나 혹은 전적으로 무시하고 나아가는 하는 세 가지인 것을 알게 된다. 그리고 그 케이스 바이 케이스로 셋 중에서 어느 것이 최상의 수단이나 무기인가를 즉석에서 계산해서 골라 사용한다.

그 사용 선택이 즉석에서 할 수 있게 되면 핀잔은 마음에 거리끼지 않게 될 뿐 아니라 거꾸로 강연 자체를 겨자의 매운 맛처럼 짜릿하게 맛이 있는 것으로 부각시켜 주는 것이다.

박수의 경우에도 같다. 전혀 관계없는 대목에서 혹은 전혀 예기치 않았던 장면에서 박수를 받으면 강연자에게 있어서는 그것은 실로 실감이 나지 않게 들리는 것이다. 그런데 강연자가 강조하고 청중에게 공감을 구한 부분에서 청중으로부터 뜻하지 않게 박수갈채를 받으면 이야기는 점점 더 전압을 올리고 청중 자신도 감동을 느끼게 되는 것이다.

아무튼 간에 강연자라는 것은 어떠한 예기치 않던 사태가 일어나더라도 그것에 대처할 수 있는 유도에서 말하면 낙법의 체세로 가볍게 그것을 받아낼 만한 마음가짐이 필요하다.

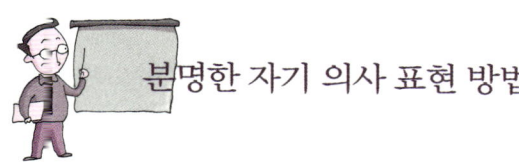
분명한 자기 의사 표현 방법

 강연이라는 것은 이야기의 내용도 내용이려니와 강연자의 인격의 반영이기도 하다고 기술해 왔다. 다시 말하면 강연자의 전체상을 가지고 비로소 강연은 성립되는 것이라고 말할 수 있다. 그래서 강연자는 자기를 최대한으로 발휘하게끔 그런 마음가짐으로 강연에 임하지 않으면 안 된다. 대체로 강연 시간은 1시간 내지 1시간 반, 긴 경우라도 2시간이 한도이다. 이 한정된 짧은 시간 동안에 자기가 과거에 체험해 온 일을 이야기하고 쌓아온 지식을 피력하며 거기서 쌓인 생각이나 의견을 피력해야 한다. 생각해 보면 상당한 준비 공작과 구성력이 없으면 단시간 내에 표현하기란 어렵다.
 그러나 지나친 욕심을 부리거나 얄팍한 기교를 부리거나 하지 않는 한, 혹은 자기의 신상을 뱃속으로부터 토로하는 한은 설령 화술이 서툴더라도 자기라는 것을 최대한으로 표현하는 일은 가능하다.
 헤아릴 수 없을 만큼 많은 강연을 계속하고 보니 때로는 강연이 끝난 뒤에 그런 것을 말했더라면 좋았을 걸, 이런 일도 말해 두었으면 좋았을 걸 하는 반성도 있다. 그러나 그 반성에 앞서 왠지 모르게 뱃속이 시원하고 일종의 상쾌함이 몸속을 뚫고 나가고 있는 것 같음을 느끼는 경우가 많다. 이런 때의 강연은 반드시라고 말해도 좋을 정도로 청중의 반응이 컸을 때이다. 바로 불교에서 말하는 「무」의 세계와 같은 심경이다. 무심의 경지에서 최대한으로 자기를 남김없이 표현했다고 하는 상쾌감이 있을 때야 말로 그에 비례해서 청중에게「무엇」인가를 주고 있을 것임에 틀림없다.

 그러므로 자기가 행한 강연에 대해서 반성할 때는 자기의 뱃속의 그 탁 트인 상쾌함의 정도를 자기 나름으로 마음속에서 측량해 보는 것이다.

 장시간에 걸쳐 일어선 자세로 강연을 행하지 않으면 안 될 때도 있다. 이런 경우는 으레 강연자의 피로는 쌓일 뿐일 것이다. 그 피로가 사실상 몸과 마음이 검은 덩어리가 되어 신체의 일부에 남은 경우에는 아무래도 자기표현이 부족했던 것이 아닌가 하고 생각한다.

 반대로 그 피로가 스포츠의 뒤와 같은 일종의 상쾌한 피로이고, 기분 좋은 여운이 되어 찡하고 가슴을 칠 때에는 어딘지 모르게 만족감을 느끼는 것이다.

「무심」이라는 것이 흔히 말해지는데 이를테면 무용의 대가가 그 동작에 구애되지 않고 무심의 상태에서 춤을 추었을 때야 말로 훌륭한 춤을 추게 된다고 하는 말은 긍정이 간다. 그렇기 때문에 자기의 최대의 표현인 강연을, 가장 쾌적한 상태에서 청중에게 보여 주기 위해서는 회장의 설영과 설비를 비롯해서 청중의 솔직한 반응, 강연자의 당일의 몸의 컨디션 등 모든 것이 완벽하게 일치되었을 때가 아니면 불가능하지는 않을까.

 무대에 선 가수에게 회장을 메운 청중으로부터 열광적인 갈채가 퍼부어지면 그 가수의 마음은 한층 더 끓어올라 지금까지 이상의 굉장한 가창력을 발휘하여 이어지는 다음의 노래를 불러 나간다는 장면을 이따금 본다. 그것과 같은 것을 강연자에게도 말할 수 있는 것이 아닐까. 곧 강연회를 여는 경우에 강연자에게 보다 쾌적한 기분을 가지게 하여 기분을 북돋아 주도록 분위기를 조성해 준다는 것을 주최자 측은 사전에 연구해 두어야 할 것이다.

 다시 말해서 강연자가 최대한으로 자기표현을 할 수 있도록 모든 점에서 면밀하게 배려를 기울여 어떻게 하면 강연자의 전압을 높일 수 있는가 하는 계산을 해 보는 것이다. 그렇다고 해서 뻔한 연출이어서는 안 된다. 조작된 연출은 유감스럽게도 청중에게도 강연자에게도 민감하게 감지되고 마는 것이다. 아주 자연스럽게 여건을 조성한다는 것이 중요하다.

 어떤 유명한 나이트클럽에 갔을 때의 일이다. 어떤 유명한 탤런트가 무대에 오르자 별안간 각 테이블에서 야단스런 박수가 일어나서 호스티스들은 일어서고 종업원은 발을 굴리면서 박수를 보내고 있었다. 이와 같은 동작은 이 탤런트에 대한 경의의 표현일 것이다.

 얼핏 보아 기분 좋은 광경이긴 하다. 그러나 무심결에 옆을 보았더니 손님들은 의외로 냉담한 얼굴을 하고 있었다. 그 중에는 호스티스의 청에 못 이겨 하는 수 없이 쓴 웃음을 지으면서 박수를 치고 있는 얼굴도 엿보였다.

 외국인은 별문제로 하고 우리나라 사람의 기질로 보아 비록 굉장한 감동적 장면을 만나더라도 자리에서 일어서서까지 박수를 보낸다는 습관은 절대로 없다 해도 과언은 아니다. 일부 사춘기의 소녀들을 제외하고는 말이다.

그런데 이 회장에서는 사춘기의 소녀도 아니면서 그것이 실제로 일어난 것이다.

그 탤런트는 우쭐해 있었다. 그토록 멋있는 청중이 이 나이트클럽에 와 있는 것일까 하고 그 탤런트는 자기의 눈을 의심하는 것같이 필자에게는 보였다. 그러나 두 번째 스테이지에 선 그는 조금 전의 믿기지 않던 정경은 역시 꿈이지 현실의 모습은 아니었다는 것을 알게 되었다.

조금 전의 박수는 조작된 박수였다는 것을 깨닫게 된 것이다.

그렇게 되니 그의 태도도 일변하고 말았다. 얼굴만은 영업용의 웃음을 띄우고 있어도 이미 마음속에는 열이 식은 무드가 가득 차 있었다. 부르는 노래에 마음이 통하고 있지 않았다.

사람들도 그의 노래를 진지하게는 듣지 않게 되고 말았다. 앞서의 박수가 진정으로 그의 노래에 감동해서 자기도 모르게 일어서서 손뼉을 친 것이었다면 그것은 정말 굉장한 광경일 것이다. 그 가수도 물론 두 번째의 스테이지를 크게 분발해서 장식했을 것이 틀림없다.

박수 하나를 두고 생각해 보아도 상당히 어려운 의미를 지니고 있다. 진심으로 공명하고 감동해서 박수를 보내는 것이라면 반드시 눈앞이나 혹은 코의 주변에서 손뼉을 치는 것이 바람직하다.

배보다 밑쪽에서 치는 박수는 이미 박수가 아니다. 하물며 그것이 연속적으로 행해진 것이 아니고 단발적으로 쳐지는 것은 벌써 이것은 「빨리 끝내라!」라고 재촉하고 있는 박수로 들려오는 것이다.

박수뿐 아니라 강연회를 뜻있게 끝내도록 하기 위해서는 강연자의 기분을 어떻게 쾌적한 무드에 실어서 그의 전지전능을 끄집어내도록 하는가 하는 데에 배려와 연구가 있어야 한다. 그것이 나아가서는 청중에게 깊은 감명을 주어 내용이 있는 강연회가 되는 것이기 때문이다.

대중을 감동시키는
회의의 기술

초판 1쇄 찍은날 2012년 6월 20 일
초판 1쇄 펴낸날 2012년 6월 25 일

지은이   김상수
펴낸이   곽선구
펴낸곳   늘푸른소나무

등록일자 1997년 11월 3일
등록번호 제307-2011-67
주소   서울시 성북구 보문동7가 80-1 2층
전화   02-3143-6763
팩스   02-3143-3762
E-mail   ksc6864@naver.com

ISBN 978-89-97558-06-3   13320
ⓒ김상수 2012. Printed in Seoul, Korea
- 저자와의 협의에 따라 인지는 붙이지 않습니다.
- 잘못된 책은 꼭 바꾸어 드립니다.
- 책값은 뒤표지에 있습니다.